現場と結ぶ教職シリーズ 3　　全体企画者　小柳正司・山﨑英則

西洋の教育の歴史を知る
子どもと教師と学校をみつめて

勝山吉章 編著

江頭智宏・中村勝美・乙須 翼 著

あいり出版

まえがき

　教育の危機が言われて久しい。子どもの非行、学級崩壊、いじめ、不登校、学力低下、教師の指導力不足など枚挙にいとまがない。政策側は危機に対応すべくさまざまな教育改革を打ち出すが、改革すればするほど、教育は一層混迷し、危機が増しているように見受けられる。その原因の一つは、人類教育の過去に遡って、過去から未来を展望する視野が狭いことにあるだろう。

　例えば総合学習。1998年の学習指導要領で「ゆとりのなかで生きる力を育む」ためとして鳴物入りで導入されたが、学力低下論争のなかで10年後の学習指導要領改訂では大幅に削減された。総合学習のような、子どもの自発的体験や経験を重視した学習がめざす学力とは何か。そもそも学力をどうとらえるのかは、人類教育のなかで何度もくり返し論議されてきたことである。

　教育の歴史を学べば、現在の教育改革と称されていることが、実は数百年前に教育改革として実践され、課題が明らかにされていることに気づく。教育の歴史を学ぶことは、未来の教育の在り方を展望することにつながるのである。また、今から教師になろうとしている人が教育の歴史を学ぶことは、さまざまな過去の教師像を通して、教師としての在り方生き方を教えられることになる（「コラム１－３」を参照）。

　このたび、あいり出版から「現場と結ぶ教職シリーズ」として、西洋の教育の歴史を語る機会を得た。わが国の教育史研究のトレンドは、教育の思想史から教育の制度史へ、そして教育の社会史へと大きく変遷しているように思える。そもそも教育学研究の母体が、戦前期においては旧制大学の哲学科の一講座に過ぎなかったとき、教育を歴史的に研究しようとすれば思想史研究にならざるをえなかったであろう。戦後は、教員養成が師範学校から大学に移行したこともあって、教育学研究のニーズが高まった。その際、科学としての教育学研究の必要性が叫ばれ、実証主義的性格をもつ教育の制度史研究が広まった。この思想史や制度史研究に抜けがちなのが、教育の対象である子どものありのままの姿である。社会史研究は子どものいない教育史、子どもの見えない教育史を克服しようとしている。

　本書は、教師をめざす人たちを主たる対象とすることから、子どもをどう見

るのか、教師としての在り方とは何か、学校の成り立ちとは何かを考察してもらうために、教育の思想史と制度史と社会史に触れることをこころみた。

　1部は、古代ギリシャ・ローマから中世ヨーロッパ、そしてルネサンスを経て近代初期までの西洋の教育を追っている。人類教育のルーツをさぐりながら、教師像と不変な子どもの姿、学校の誕生について知ることができるだろう。2部は、ルソーやコンドルセが提唱した近代教育思想を探りながら、ペスタロッチ、ヘルバルト、フレーベルの近代教授学を網羅し、ケイなどの子ども中心主義教育について述べている。2部は意図的に思想史に重点を置いた。なぜなら、近代教育思想を通して、教師はどうあるべきか、子どもをどうとらえるべきか、教育とはいったい何であるかを考えてもらいたかったからである。3部は、産業革命下のイギリスの民衆の子どもの姿に眼差しを向けながら、イギリスの初等教育、中等・高等教育を紹介している。今日、格差社会の広がりによって、子どもが家庭の経済状況によってエリートとノンエリートに早期より分離されることが問題となっているが、3部を通して、そのことが歴史的な課題であったことを認識するだろう。4部は、植民地時代のアメリカのピューリタンの生活と子どもの姿、そして独立後のアメリカにおける公教育の義務、無償、中立性の成立過程を描いている。公教育は、どのような理念の下で誕生していったのかを知ることができるだろう。また3部と4部では、女子教育について特別に言及しているが、男女の機会均等の教育が実現されるには、さまざまな人々の闘いがあったことが理解できるだろう。

　本書は、教師をめざす人たちに、子どもや教師や学校について、西洋の教育の歴史を振り返りながら考察してもらうことを主眼とした。もちろん、学校現場の先生たち、教育に興味・関心のある方たち、教育の研究者にも読んでいただき、ご批評いただけたなら望外の幸いである。

　最後に、このシリーズを発案・計画・調整された山﨑英則先生と小柳正司先生に感謝の意を表したい。また、あいり出版の石黒憲一氏からは、懇切丁寧なご支援を得た。ここに記して感謝したい。本書が少しでも多くの人たちの目に触れることを願っている。

2011年3月11日　東日本大震災での被災者のご冥福を祈って　編者

目次

まえがき

1部 地中海世界からヨーロッパ内部にひろがる教育　—1
1章 地中海世界の教育　—1
1．古代ギリシャから語る教育史／1
   - (1) スパルタとその教育
   - (2) アテネとその教育

2．古代ギリシャの教育思想／7
   - (1) ソクラテス
   - (2) プラトン
   - (3) アリストテレス

3．ヘレニズムからローマへ、その教育／11
   - (1) ヘレニズム時代
   - (2) 古代ローマ「共和制の時代」（前509-前27）
   - (3) 古代ローマ「帝政の時代」（前27-後476）

4．古代ローマの子どもの生活／16

2章 中世ヨーロッパの教育　—19
1．中世封建社会の成立とキリスト教の教育／19
   - (1) 僧院の教育
   - (2) 僧院の教育内容
   - (3) 騎士の教育

2．商業と都市の発達と大学と都市学校の誕生／24
   - (1) 大学の誕生
   - (2) 学生と大学教育
   - (3) 都市学校の誕生
   - (4) 中世の子どもの生活

3章 ルネッサンス・宗教改革・科学革命から近代教育思想へ　—36
　1．ルネサンスと人文主義者たちの教育思想／36
　2．宗教改革と反宗教改革、それぞれの教育／41
　　(1) ルターと宗教改革
　　(2) プロテスタント派の教育
　　(3) 反宗教改革と教育
　　(4) 民衆の子どもたちと学校
　3．科学革命と教育／46
　　(1) ラトケ
　　(2) コメニウス

2部　近現代ヨーロッパ大陸における教育の歴史　—53
4章　18世紀の教育と近代教育思想の形成　—53
　1．ルソー／53
　　(1) ルソーの生涯
　　(2) 「エミール」の構成
　　(3) 「子ども」の発見
　　(4) 教育の必要性と教育可能性
　　(5) 合自然の教育
　　(6) 一般的な人間の教育
　　(7) 言葉ではなく行動や実物や体験を通した学習
　　(8) 消極教育
　　(9) 発達段階に応じた教育
　　(10) 女子教育
　2．コンドルセ／60
　　(1) 数学者コンドルセ
　　(2) フランス革命へのかかわり
　　(3) 平等を実質化するものとしての公教育
　　(4) 科学的な真理の教授、教育の中立性、教育の独立
　　(5) 機会均等、生涯学習、男女の平等・男女共学、無償
　　(6) 「コンドルセ案」における学校体系

(7)「コンドルセ案」提出後のコンドルセ
　　　　　　　コラム1　ペスタロッチとの出会い／68
　　　　　　　コラム2　教育者の魂／69

5章　19世紀の教育と近代教育思想の展開　　―70
　1．ペスタロッチ／70
　　(1) 若き日のペスタロッチとノイホーフ
　　(2) 文筆家ペスタロッチ
　　(3) シュタンツ孤児院
　　(4) メトーデ
　　(5) イヴェルドン学園と「メトーデ」の展開
　2．ヘルバルト／75
　　(1) ヘルバルトの生涯
　　(2) 経験に基づいて教育から教育の科学の構築へ
　　(3) 教育の目的としての「強固な道徳的品性」と「多面的均等な興味」
　　(4) 管理・教授・訓練
　　(5) 教育的教授
　　(6) 単なる描写的教授・分析的教授・総合的教授
　　(7) 四段階教授法
　3．フレーベル／79
　　(1) 若き日のフレーベルとカイルハウ学園
　　(2) 「人間の教育」
　　(3) 幼児教育への関心と恩物の製作
　　(4) 幼稚園の創設
　　(5) 幼稚園の拡大・廃止・復活

6章　20世紀の教育と新教育運動　　―86
　1．新教育運動の特徴とその象徴としての『児童の世紀』／86
　　(1) 新教育運動の特徴
　　(2) ケイと『児童の世紀』
　2．モンテッソーリ／90
　　(1) 医学と障害児教育の領域での出発
　　(2) 子どもの家の開設

    (3) モンテッソーリ教育の理論
    (4) モンテッソーリ教具と感覚教育
    (5) モンテッソーリ教育の普及
  3．ドイツの新教育運動／95
    (1) 労作学校とケルシェンシュタイナー
    (2) 田園教育舎とリーツ
    (3) 全体教授とオットー
    (4) イエナ・プランとペーターゼン

           コラム3 教育実践に生きる教育思想／103

3部 近代イギリスにおける子どもと教育の歴史 ―105

7章 子どものくらしと学び ―106
  1．子ども期／106
    (1) 子どもは純真無垢、それとも罪深き存在？
    (2) 家族の規模と子ども数
    (3) 人口の大部分を占める子どもたち
  2．工業化以前の子どもの労働／109
    (1) 伝統的社会での子どもの労働
    (2) 徒弟制度
  3．産業革命と子どもの労働／111
    (1) 大量生産と工場制機械工業の成立
    (2) 工場での子どもの労働―労働の質の変化
    (3) 児童労働の全体像
  4．工場法による児童労働の規制と教育／115
    (1) 工場学校
    (2) 工場法の制定
    (3) 工場法の影響

           コラム4 イギリスの保育と幼児教育／118

  5．民衆教育の進展／119
    (1) 日曜学校
    (2) 助教法学校

(3)　初等国民教育の成立

　　(4)　労働者階級の子ども期の成立

8章　イングランドにおける中等教育の歴史　　—125

　1．人文主義教育の伝播とグラマー・スクール／126

　　(1)　グラマー・スクール

　　(2)　ルネサンスの影響

　　(3)　チャリティとしての教育

　　　　　　　コラム5　宗教改革と教育／127

　2．パブリック・スクールの誕生と再生／128

　　(1)　パブリック・スクールとは

　　(2)　沈滞期のパブリック・スクールと教育改革への要求

　　(3)　アーノルドによるラグビー校改革

　3．アスレティシズムとジェントルマンの育成／131

　　(1)　パブリック・スクールと近代スポーツ

　　(2)　アスレティシズムとは

　　(3)　エリート養成の場としてのパブリック・スクール

　　　　　　　コラム6　ジェントルマンとは何か／133

　4．中等教育の改革と拡充／135

　　(1)　基金立グラマー・スクールの改革

　　(2)　女子中等教育の進展

　　(3)　労働者階級の中等教育

　　(4)　20世紀

9章　変化する社会と大学の歴史　　—141

　1．改革前夜の高等教育／141

　　(1)　沈滞する大学

　　(2)　グランド・ツアー

　2．オックスフォードおよびケンブリッジ大学の改革／144

　　(1)　学位試験制度の改革

　　(2)　大学の門戸開放

　　(3)　官僚制改革と大学

3．イングランドの大学と教養教育理念／146
    (1) 大学教育への批判と教養教育論争
    (2) 教養教育理念とは
    (3) ニューマンの大学の理念
    (4) 学位試験の専門分化
  4．新大学の創設／149
    (1) ロンドン大学の設立
    (2) 市民大学の設立
  5．新しい大学のあり方への模索／151
    (1) 大学と研究
    (2) 高等教育の女性への開放
    (3) 労働者への教育

4部 変容する子どもへの眼差しと学びの場—アメリカを中心に—
　　　　　　　　　　　　　　　　　　　　　　　　　—155

10章 子どもたちの多様な学びと育ち　—155
　　　　　—植民地時代アメリカ社会の子ども—
  1．子どもの歴史を見る作法／155
  2．子育て慣習に見る子ども観／156
  3．信仰共同体の担い手としての子ども／161
  4．他家で働く子どもたち／166
11章 公教育制度の成立と子どもへの新たな眼差し　—174
  1．独立革命直前期の社会と子ども／174
  2．共和国市民としての子ども／177
  3．すべての子どもたちのための学校を／182
  4．女子教育の進展と近代家族像の成立／186

索引／191

1部
地中海世界から
ヨーロッパ内部にひろがる教育

1章　地中海世界の教育

章のねらい　古代ギリシャやローマではどのような教育が行なわれ、どのような教育思想が展開されたのかを見てみよう。また子どもはどのように育ち、どんな遊びや学びをしたかを見てみよう。そして人類の教育のルーツの一つを探ってみよう。

1　古代ギリシャから語る教育史

　先史時代から広範な意味での教育の歴史は始まっている。狩猟などの生活上の技能や祭祀などは親世代から子世代へ、先祖代々受け継がれた。このような無意図的教育ではなく、意図的、計画的に行なわれる教育を語ろうとすると古代ギリシャから教育の歴史を始めるのが通例である。

　紀元前2000年頃、インド＝ヨーロッパ語族が移動し、今のギリシャ地方に定住し、ミケーネ文明を形成した。やがて前1200年頃、ドーリア族が南下しギリシャは社会変動を受けた。ミケーネ文明は崩壊し、約400年続いた暗黒時代を経て前8世紀頃、ポリス（polis）と呼ばれる都市国家が誕生した。

　ポリスの多くは、城塞に囲まれた中心部と城塞外の村落に分かれた。中心部（アクロポリス）には神殿と広場（アゴラ）があり、貴族や富裕な市民層が住み、村落には農民層などが定住した。当時のギリシャ人は、自らをヘレネス（hellenes）と称し、その地をヘラス（hellas）と呼んだ。異民族をバルバロイ（barbaroi）として区別した。

　ポリスの数は、最盛期にギリシャ本土だけで約100、植民市を入れると1000を超えたという[†1]。ポリス間には戦火が絶えなかっが、次第に覇権を確立していったのがドーリア族のスパルタとイオニア族のアテネだった。これらポリス内では、ごく少数の貴族と自由市民（平民）が多数の奴隷を支配していた。時代によって違うが、スパルタでは30万人の奴隷を1万人の自由市民が支配

1

1部 地中海世界からヨーロッパ内部にひろがる教育

し、アテネでは総人口の3分の1が奴隷だった。したがって、古代ギリシャのポリスでは、ポリス外では武器を持って外敵と戦い、ポリス内では奴隷を強権的に支配する戦士の育成が重要な教育課題であった。

(1) スパルタとその教育

スパルタでは、人々は軍役義務と参政権をもつ完全市民であるスパルタ人と、軍役義務はもつが参政権をもたないペリオイコイ（perioikoi）と、先住民で農耕に従事した農奴・奴隷であるヘロット（helot）の3身分に分かれていた。ペリオイコイは商工業などに従事し都市周辺に居住した。

古代スパルタ王朝の立役者リュクルゴス（Lykurgos、位：前219－前210）の立法によると、国政は、国王、元老、国民会議、執政官によって行なわれた。国王は正副2人であり、元老は60歳以上の市民から30人、国民会議は30歳以上の全スパルタ人によって構成されたが、実権は5人の執政官によって握られていた。

外国との闘いや、ヘロットのたび重なる反乱に脅かされたスパルタ人は、その支配を確固たるものにするために、極めて特殊な軍事的集団を作り上げた。

子どもは国家の所有物とみなされた。生まれるや長老によってその生殺与奪が決められた。障がいなどを背負った子どもは捨てられた。産湯には葡萄酒が使われ、おむつは使われずに手足を自由にして育てられた。

7歳になると、共同の養育所に入れられ、五種競技（競争、跳躍、円盤投、槍投、レスリング）や拳闘など全裸による訓練が課せられた。パンクラティオン（pankration）という実戦的なレスリングでは、急所を攻撃して相手をいかに早く殺すかを訓練された。少年たちは、粗末な食事や衣服を与えられ、固い寝具で兵営生活を送った。沐浴やオリーブ油を塗ることは年に数回しか認められなかった。痛みや困窮などあらゆる艱難辛苦に耐えることが求められ、歌や笛吹きなどは実戦で役立つもののみが認められた。命令には忠実で、不屈であることが美徳とされた。知的教育は、必要最小限に限定された。30歳になると軍事訓練は一応終了し市民となり、共同生活を離れるが、60歳まで兵役義務があった。彼らは結束を持続するために、お互いの食事を持ちより共同の食事を行なった。

最強の戦闘集団と謳われたスパルタの軍団であるが、そこには特別な習慣があった。同性愛である。愛する先輩（エラステス）と愛される後輩（パイディカ）の関係は、兵営や露営地で日常的に行なわれ、野戦で頂点に達した。性的に結びついた者同士の結束は固く、軍団を無敵とした。

少女たちは、将来的に子どもを産む役割を期待され、頑健な身体をつくるために裸体での運動競技を課せられた。強壮な子どもをもつことがスパルタ人の名誉とされたことから、若い妻をもった老人が、若い男を妻に与えて子どもを産ませるとか、ひ弱な妻をもった男が、友人に頼んで友人の妻に自分の子どもを産ませる行為もあった。

ペルシャ戦争（前492－前479）後、アテネを中心とするデロス同盟に対して、スパルタはペロポネソス同盟を結んで対峙した。やがてペロポネソス戦争（前431－前404）でアテネに勝利するが、たび重なる戦争による疲弊とペルシャによる干渉のためスパルタの覇権は永続きせず、やがてテーベ（Thebai）がギリシャの中心となっていった。

(2) アテネとその教育

強固な軍事体制をとったスパルタに比して、アテネの民主政はよく知られる。前8世紀頃のポリスは貴族が実権を握っていたが、人口増加に対処するため植民市を建設した。植民市と母市の交易が盛んになるにしたがい、商工業と貨幣鋳造が広がった。富裕な農民や商工業者（平民）が増加する一方で、貴族の零落もはじまった。平民は武具を自弁する重装歩兵でもあり、軍事的政治的な地位の高まりとともに、貴族の政治的独占と対立した。そのようななかで、両者の調停にあたる立法者や僭主（チュランノス tyrannos）が現われた。

そのような一人であるソロン Solon（前640頃－前560頃）は、身体を借財の抵当とすることを禁止し、市民の奴隷化を防いだ。また、財産によって市民を4等級に分け、それぞれに権利と義務を課した。ソロンは、結婚は精神的愛によって行なわれるべきで、夫婦の貞操は強固であるべきことを説いた。また、アテネ市民の男子はすべて体操と音楽によって教育されるべきことを定めた。

ソロンの後に僭主となったペイシストラス（Peisistras、前600頃－前527）は、中小農民の保護育成、貧民救済、商工業の発展に尽くし善政を行なった。

1部 地中海世界からヨーロッパ内部にひろがる教育

そしてクレイステネス（Kleisthenes、前6世紀末頃）の、僭主に相応しくない人物を陶片に書かせる陶片追放（オストラキスモス ostrakismos）によってアテネの民主政の基礎が確立した。アテネの国政は、全市民が参加する民会と、部族によって選出される評議会によって運営され、貴族と平民の区別は、あまりみられなくなった。

アテネでは、誕生の際の子どもの生殺与奪は親が決定した。母親や乳母の下で育てられた子どもは7歳になると、私立施設であるパライストラ（palaistra 体操学校）やディダスカレイオン（didaskaleion 音楽学校）に通った。その際、パイダゴーゴス（paidagogos）と呼ばれる老齢の奴隷が付き添った。彼は子どもの礼儀作法などを担った。

パライストラでは、五種競技の他、拳闘や舞踏、水泳などが行なわれた。ディダスカレイオンでは、初歩の読み書きや文法、琴などの楽器の演奏、ホメロス（Homeros、前8世紀頃）やヘシオドス（Hesiodos、前700頃）などの詩歌の暗唱が行なわれた。アテネの少年たちは、ホメロスの『イリアス』や『オデュッセイア』、ヘシオドスの『神統記』などを暗誦することによって、武勇や情愛を誇るギリシャ人としての生き方・あり方を習得していった。スパルタに比してアテネでは、情操を含めた調和的な人間的形成がはかられていたといえる。

★図1-1　パライストラで円盤投げ、レスリング、槍投げをする少年たち　前500年頃

1章　地中海世界の教育

★図1-2　琴の演奏や読み書きを学ぶ少年　前480年頃

　16歳になると彼らは、准市民エフェベ（ephebe）となり、国立施設であるギムナシオン（gymnasion 高等体操学校）で、より実戦的な武道教育を行なった。大人たちの仲間入りを許され、劇場への出入り、政治談義を行ない、18歳になると自由市民の名簿に登録され、公の場で軍装が与えられた。そして国境警備などの軍務に服して、神々と国家に対する忠誠が証明されると、20歳にしてアテネ市民として認められた。

★図1-3　競技会に向けて裸で訓練する青年たち　前500年頃

★図1-4　国境警備もしくは戦に向かう息子を送る父母　前4世紀

5

アテネの子どもたちは、今日にも伝わる遊びをしていた。コマ廻し、輪廻し、ヨーヨー、大理石でできたビー玉遊び、着せ替え人形（陶器の人形の手足は羊の腸でくっつけられていた）、動物の骨でつくったサイコロ遊びなどである。少年愛は、スパルタのように組織的には行なわれなかったが、上流社会を中心に広くみられた。むしろ夫婦愛のように男女の愛が尊重された。

★図1-5　コマ廻し、輪廻し、ヨーヨーで遊ぶ子どもたち

ダレイオス1世（Dareios、位：前522-前486）の治下で大帝国となったペルシャは、ギリシャ地方に覇権を広げてきた。アテネやスパルタなどギリシャ連合軍は、陸戦、海戦においてペルシャに勝利した。これをペルシャ戦争（前500-前449）という。なかでも前480年のテルモピュライにおけるスパルタの戦いは、ペルシャ戦争を記したヘロドトス（Herodotos、前484頃-前425頃）の『歴史』の白眉である。レオニダス王率いるわずか300人が、ギリシャの防衛拠点を死守すべく、100万人を超えるペルシャ陸軍と戦い、刀折れ、矢がつきると最後には素手で戦い全滅した。

戦後、アテネはデロス同盟の盟主となりペルシャの反攻に備えるとともに、内政では、ペリクレス（Perikles、前495頃-前429）時代という黄金期を迎えた。平民が、軍船のこぎ手として活躍したことから発言権が増し、直接民主政である民会が最高議決機関となって古代民主政が成立した。

民会では多数決によって政策が決定されるので、社会的上昇を願うアテネの青年たちは、民会での議論に勝てるように弁論術（修辞学）の習得に励むようになった。乱世においては武術が、治世においては弁論術が重宝された。その期待に応えて登場してきたのがソフィスト（sophistes）と呼ばれる職業的教

師である。著名なものとして、プロタゴラス（Protagoras、前485頃－前415頃）やゴルギアス（Gorgias、前483頃－前376）をあげることができる。

　プロタゴラスは、ペリクレスの知遇を得てアテネに来た。彼は「神々についてはそれが存在するかしないか何も知らぬ」とか「人は万物の尺度である」ということばを残した。これは善悪や価値に絶対的基準はなく、人の解釈によってどのようにでもなることを意味している。したがって弁論術は「弱き論を転じて強き論となす術」となりうるものであり、行政官や裁判官をめざす青年にとっては必須の素養となった。シチリア生まれのゴルギアスもアテネに来て、青年たちに弁論術を教えた。

　ソフィストは、求めに応じて各地を放浪し、高額の報酬を得た。また、黒を白と言いくるめる方法を説くことから詭弁家と解釈されたこともあるが、哲学など、その後の学術の発展に寄与したことは間違いない。なお、イソクラテス（Isokrates、前436－前338）が開設した修辞学校は、弁論術を学ぶ青年たちによって評判を得た。

　ペリクレスの死後のアテネでは、デマゴーグ（民衆扇動家）による支配など民主政の弊害が出て衆愚政に陥った。そのためギリシャの覇権をめぐって戦ったペロポネソス戦争においてスパルタ連合軍に敗れた。戦後のアテネは、中小農民の没落や高利貸しの暗躍などによって次第に衰退していった。

2 古代ギリシャの教育思想

(1) ソクラテス

　アリストファネス（Aristophanes、前445－前385）の『雲』ではソフィストとして描かれているソクラテス（Sokrates、前470－前399）は、父親が石工、母親が産婆としてアテネで生まれた。ペロポネソス戦争では勇敢な戦士だったと伝えられてるが、日常では粗末な衣服をまとい、世俗的な欲望には淡泊であったという。

　彼が生きた時代のアテネは、ペロポネソス戦争を経て、繁栄を誇ったアテネが次第に没落していく時代であった。中小農民が没落し、ポリス防衛を忌避する市民が増加した。とくに民主政とは名ばかりで扇動家が政治を牛耳り、古き

良きポリス社会が終焉を迎えつつある時期でもあった。そのなかにあってソクラテスは、未来を担う青年を有徳にすることによって、ポリスの復興をはかろうとした。彼の妻クサンチッペ（Xantippe）は悪妻の典型とされるが、生活を顧みず、美青年ばかり追いかける夫に憤慨しない方がおかしい。尿瓶から尿をふっかけたとかの悪妻伝説は、後世の作り話であろう。

ソクラテスは、30歳前後のころ、「汝自身を知れ」というデルフォイ神殿の銘文と、「ソクラテスにまさる賢者はいない」の神託の意味がわからず苦しんだ。自らの無知を疑っていなかった彼は、そこでアテネ中の賢者を尋ねてまわってその知を問うたところ、皆その無知を暴露した。

そこでソクラテスは、自らの無知を自覚しているからこそ、神によって賢者として評されていることを知った。彼は、すべてのアテネ市民にこの「無知の知」を自覚させることが、アテネを再生させることにつながると考えた。

彼は、自らを愚者として装って青年に近づき、まず身近な問題から問答をはじめる。次第に高度な話題になって、対話のなかから相手のもつ思い込み（ドクサ doxa）を破壊し、知的行き詰まり（アポリア aporia）に追い込む。そして相手は、自らの無知を自覚する。これをエイロネイア（eironeia＝皮肉）という。無知を自覚した青年は、今度は、真の知識を得たいというエロス（eros）を生じせしめる。エロスとは、人間本来に宿っている真善美を求める衝動である。このように対話をすすめるなかから、真理を浮かび上がらせる手法を産婆術ともいう。

ソクラテスが求める知とは、例えばソフィストによって術語的にもたらされる知ではなく、自らが探究し、発見していく知である。そしてその知は、教え込まされた徳ではなく、真の徳となるものであった。こうして「知は徳なり」にたどり着く。

彼は、このようにして有徳なアテネ市民を育てることを自らの使命として市内をさまよったが、その姿は、美青年ばかりを追いかけ回す不逞の輩とうつり不興を買った。行動を改めるように言われても聞かなかった彼は、「青年を腐敗させ、国家の認める神を信じず、新しい神霊を信じた」として処刑された。

(2) プラトン

プラトン（Platon、前427－前347）は、アテネの名門貴族の子として生まれた。名門貴族の常として政治的リーダーを志すが、ペロポネソス戦争を通じてアテネに蔓延した、扇動家支配による衆愚政などに幻滅して20歳のとき、ソクラテスの門人となった。後に彼が著わす著作の多くは、ソクラテスとの会話を紹介している。

弊衣で裸足のみすぼらしい60歳過ぎの老人と、上流貴族の御曹司の交流は一見奇異だったであろうが、プラトンは最大限の尊敬をもって師に仕えた。常にものごとの背後にある普遍的な真実を対話によって探究しようとするソクラテスの姿勢は、プラトンのイデア思想形成に多大な影響を与えた。8年後、そのソクラテスが処刑されるや、プラトンはアテネに失望し、イタリア、シチリア、エジプトなどを遍歴した。このとき、イタリアでピュタゴラス派やエレア派と交流をもったとされる。

40歳の頃、アテネに戻り前387年に青年教育の場であるアカデメイア（akademeia）を設立した。その扉には「幾何学を知らざる者、入るべからず」と記されていたという。当時、アカデメイアの名声は、ゴルギアスの門弟イソクラテスの修辞学校と並んでいた。ただし、イソクラテスの修辞学校が万人に開かれていて実利的であったのに対して、プラトンのアカデメイアは少数精鋭のエリート主義で貴族主義的であった。

プラトンの教育思想をさぐるには、まず、彼のイデア（idea）を理解せねばならない。彼の主著『饗宴』によるとイデアは、生成変化する森羅万象あらゆるものの背後にある実在であるが、理性によってのみ観照できるものである。イデアは善なるも美なるものの源泉である。

人間の霊魂は、肉体に宿る前はイデア界にあったので、霊魂は善や美の世界であるイデア界に帰ろうとする。これがエロスである。このイデアを観照できる哲学者は、その言動において美や善をなすに違いない。したがってこのような哲学者こそが、哲人王として、腐敗したアテネの政界を再生できるとプラトンは信じ、青年教育に従事した。

彼の教育思想は主著『国家』からうかがえる。プラトンは人間には三つの本性があると述べる。「金のようなもの」である理性、「銀のようなもの」であ

る激性、「銅のようなもの」である欲望である。先天的に理性に長じた者は支配者となり、激性に長じた者が軍人となり、欲望を有する者が生産者（農民や手工業者）にならねばならない。国家を形成するそれぞれが、その天分に応じてこそ、理想の国家が形成されるとプラトンは説く。

　そして、支配者がその理性を十分に発揮するとき智恵（sophia）の徳が備わり、軍人が支配者に従いながらその職責を果たすとき勇気（andreia）の徳が成立し、軍人や生産者がその欲望を抑え、身分を越えようと高望みしないとき節制（sophrosyne）の徳が生じる。国家の構成員がこれら三つの徳を備えたとき、彼らには正義（dikaiosyne）の徳が生まれる。国家全体がこれら四つの徳（智恵、勇気、節制、正義）を備えたとき、理想の国家（完全に善なる国）が誕生する。

　プラトンは、このような理想国家を実現するために、その教育について論じる。まず20歳までは、音楽と体操を施され、心身の調和的育成がはかられる。成績の良くない者は生産者にとどまる。選ばれた者は、30歳まで幾何学、天文学、算術、音楽理論などによって哲学の準備教育をなされるが、成績の振るわない者は守護者にとどまる。そしてごく少数の選良が35歳まで哲学（弁証法）の研究を行ない、善のイデアを観照した者が、政治や軍務での実務を行ないながら50歳ではじめて哲人としての教育を完了する。このようにして哲人王が出現するが、彼は重い道徳的義務を背負いながら国政を司るのである。アカデメイアの究極の目的が、この哲人王の育成であった。

　プラトンはこのようにして、自らが衆愚政ととらえた混沌としたアテネ政界の浄化をはかろうとした。実際、シチリア島の植民市に赴いて、哲人王による哲人政治をはかったが不首尾に終わった。

(3)　アリストテレス

　父や祖父を医者に、マケドニアに生まれたアリストテレス（Aristoteles、前384〜前322）は、17歳から約20年間、アテネでプラトンの下で学んだ。プラトンは「学園のこころ」と彼を呼んだ。アリストテレスは、プラトンの現象界に対するイデアの優位から脱却し、現象界的なもの（質料）から出発してイデア的なもの（形相）を論じた。プラトンの死後、マケドニアに戻り、フィ

リッポス2世（PhillipposⅡ、位：前359－前336）の委嘱を受けて王子アレキサンドロスの教育を行なった。

アレキサンドロスの即位後（前335）、アリストテレスはアテネに戻ってリュケイオンに学塾をひらいた。彼が、リュケイオンの小径（peripatos）を弟子たちと逍遙（しょうよう）しながら講義したことから、彼の学派は逍遙学派（peripakoi）とよばれる。彼は、生産や軍事など多忙（アスコリア）のなかの生活ではなくて、学問や芸術など閑暇（scole スコーレ）のなかの生活こそが、自由人の特権であると述べた。

彼は主著『ニコマコス倫理学』などで人間像を描いている。彼によると、人間には生殖と栄養をつかさどる植物的精神、感覚や欲望をつかさどる動物的精神、言語を有し正悪を判断する理性的精神があり、「理性」が「植物」と「動物」を統制するとき、幸福があるという。この理性は、日常生活のなかで習慣的に実践されることによって、勇気、節制、温和などの倫理的な徳が生じる。徳のなかで最も重要なものが正義と友愛である。また、智恵（ソフィア）や賢慮（フローネーシス）などの知性的な徳も、徳を有している人との交わりの中で身につけねばならない。

では、このような有徳の人はどう育てられるか。それについては『政治学』第8巻で述べられる。同書によれば、7歳までは質実ななかで苦難に耐えることを学び、7歳から少年期までは体操やとりわけ音楽（詩を含む）で育てられ、少年期から青年期にかけて、文学、地理、哲学などを、そのなかで優れた者は、倫理学、修辞学、生命科学などを教えられるという。この内容がリュケイオンの学塾に踏襲されていたことは疑いない。

アレクサンドロスの死後、アテネではマケドニア人に対する迫害が起こったため、アリストテレスはアテネを去って、前323年母方の故郷であるカルキスに身を寄せたが、不遇なまま翌年に死去した。

3 ヘレニズムからローマへ、その教育

(1) ヘレニズム時代

ギリシャ北部の辺境の地であったマケドニアは、フィリッポス2世の治下に

1部　地中海世界からヨーロッパ内部にひろがる教育

国力を増強して、前338年アテネ・テーベ連合軍をカイロネイアで打ち破った。その子アレクサンドロス大王（Alexandros、位：前336－前323）は、傘下に入ったポリスの連合軍を率いて東方遠征し、大王とその後継者によって、インド北西部からエジプトに広がる大帝国が形成された。東方遠征から、そのプトレマイオス朝エジプトがクレオパトラの自死（前30年）によって断絶されるまでをヘレニズム時代という。

プトレマイオス朝エジプトの首都アレキサンドリアは、ヘレニズム時代に最も栄えた都市だった。良港を備え、地中海貿易の中心地としても商工業都市としても繁栄した。その都市の建設者プトレマイオスⅠ世は、前305年に王の称号をもってエジプトに君臨した。大王の幼なじみで、ともにアリストテレスによって教育された。

彼は、同地にムセイオン（museion＝博物館）という研究施設をつくり、天文台なども設けた。ムセイオンには地中海の各地から100人もの研究員が招かれた。彼の子プトレマイオスⅡ世は、ビブリオテーケー（bibliotheke＝図書館）を建て、ヘレニズム世界の各地から多様な言語の文献を集めた。アレキサンドリアは、地中海世界の学術の中心地となって繁栄を極め、幾何学のエウクレイデス（Eukleides＝ユークリッド、前300年頃）や物理学・数学のアルキメデス（Archimedes、前287頃－前212）など著名な学者を輩出した。

(2)　古代ローマ「共和政の時代」（前509－前27）

ローマは、イタリア半島ティベル川に沿ってラテン人によって建てられた都市国家だったが、前509年、エトルリア人の王を追放して貴族（パトリキ patricii）が実権をもつ共和政を敷いた。やがて、ローマの版図の拡大とともに、重装歩兵として参戦する中小農民や商工業者などからなる平民（プレブス plebs）の発言権が増した。前287年のホルテンシウス法は、貴族と平民の政治上の同権を謳った。

前272年、ローマはイタリア半島を統一した。そしてポエニ戦争（前264－前146）の勝利を経て、マケドニアやギリシャ、小アジアにわたる地中海の覇権を確立した。しかしながらローマは、戦争の長期化で重装歩兵となっていた農民が没落し、あらたに属州となった地域での政治の腐敗や奴隷の反乱などに

よって危機を迎えた。ローマ支配層のなかでは、共和政を擁護する民衆派（populares）と、元老院の権威を重んじる閥族派（optimates）との権力闘争が繰り広げられるなかで、オクタビアヌス（Octavianus、前63－後14）が政治・軍事上の権力を握った。彼は、前27年にアウグストゥス（Augustus＝尊厳者）と称され事実上の皇帝となった。

共和政期の古代ローマは、農耕社会が基本であり、家が社会生活の単位を形成していた。家は祖先崇拝の祭壇であり子女教育の場であった。家長である父親は祭司でもあり、その権威は絶大であった。前451年につくられた十二表法（十二銅板法）は、子どもの生殺与奪（殺害、遺棄、譲渡）の権利を父親に認めていた。十二表法は、貴族の専横に対する平民の闘いから生まれたもので、父権、訴訟手続、相続、犯罪や不法行為、宗教などについて規定した。祖先への崇拝と読み書きの初歩を教え、この十二表法を暗誦させ、武芸や農耕技術を伝えることが父親の役割だった。

前300年頃になると、ローマなどの都市にルードゥス（ludus）と呼ばれる初等学校が現われる。ルードゥスとは元来、遊びや娯楽を意味するが、市場の路地裏や三叉路などで開かれた。

★図1-6　初等学校の授業風景。教師が生徒を鞭打っている　帝政初期

ローマの版図がギリシャへ拡大するとともに、前2世紀頃、ギリシャ語を学

ぶ文法学校が生まれた。それは今日的意味での中等教育の役割を担った。また、前1世紀には高等教育の役割を担う修辞学校が設けられ、ギリシャ的弁論術が教授された。プロティウス＝ガルス（Plotius Gallus）が前94年頃に開いた修辞学校が嚆矢とされる。

★図1-7　文法教師（グラマティクス Grammaticus）と巻き本をもつ生徒。および書字板をもつ生徒　後190年頃

ローマにもたらされるヘレニズム文化には、質実剛健を誇った共和政期のローマ支配層を激怒させるものがあった。例えば、ギリシャ流の同性愛や、前186年に参加者が一斉に検挙された乱交パーティーもどきのディオニュソスの秘儀などである。ギリシャ的修辞学も、屁理屈をこね回すとして忌避され、前161年には元老院によって修辞学者の追放が布告された。

ローマ国粋主義者でポエニ戦争の英雄カトー（Marcus Porcius Cato、前234-前149）は、節操のないギリシャ文化の導入を排し、市民の奢侈逸楽を戒めた。そして自ら子どもの教育にあたり、読み書き、武芸の手ほどきをした。子どもに古き良きローマ史を伝えるために『起源論』を著わした。また、生活上の訓言を集成した『童子訓』も子どものために残した。

ローマ保守派の抵抗は続いたが、ギリシャの哲学や弁論術は、次第にローマ知識人に浸透していった。キケロ（Marcus Tullius Cicero、前106-前43）

は、カエサル暗殺（前44年）に見られる政治上の混乱期に、ギリシャ的教養を身につけた軍人や政治家の登場を願って『雄弁家論』を著わした。雄弁家には音声などの素質と、哲学、歴史、法律などの基本的教養やユーモアが必要であると説く彼は、理性的で有徳な雄弁家による政治の浄化と社会の改良を期待した。

(3)　古代ローマ「帝政の時代」(前27－後476)

アウグストゥスの治下に始まる帝政ローマは、地中海世界の覇権を確立し、五賢帝時代（96－180：ネルヴァ、トラヤヌス、ハドリアヌス、アントニヌス＝ピウス、マルクス＝アウレリウス）にその繁栄の頂点を迎え、「ローマの平和」(Pax Romana) が保たれた。だが、コロッセウム（円形闘技場）で人間と人間、人間と野獣を殺し合わせるなど、ローマ市民のなかで享楽傾向が強まると共に、強大な帝国も増税などによって次第に衰退しはじめた。

ディオクレティアヌス帝（Diocletianus、位：284－305）は政治、税制、通貨、兵制などを改革して帝国の維持に努めたが、皇帝の神聖化に従わないキリスト教徒を迫害した。キリスト教徒は、さまざまな迫害においても屈せず、次第にローマ全域を覆うようになったので、コンスタンティヌス帝（Constantinus、位：306－337）は313年、ミラノ勅令を出してキリスト教を公認した。彼は、ビザンティオン（コンスタンティノーブル）に遷都（330年）した。やがてゲルマン民族の移動はローマを東西に分割し（395年）、東ローマはその後ビザンツ帝国などとして継続するが、西ローマ帝国は476年に滅亡した。

帝政期のローマでは、歴代皇帝が学術を保護した。アウグストゥス帝は、二つの公立図書館を建設し、トラヤヌス帝やコンスタンティヌス帝なども図書館の建設に努め、最盛期には28の公立図書館があったという[†1]。また彼らは修辞学者や哲学者などの知識人を援助した。ヴェスパシアヌス帝（Vespasianus 位69－79）は、勅任教授制度を設け修辞学校教師の給料を国庫から支払った。アウレリウス帝は哲学教師や修辞学教師に恩給を与えた。コンスタンティヌス帝期には、公役免除、裁判特例、国庫給与の3つの特権が確立された。

そのような知識人の一人セネカ（Lucius Annaeus Deneca、前4頃－後65）

は、暴君ネロの家庭教師も務めたが、後に謀反の疑いをかけられて死に追いやられた。彼は、理性による感性の克服に徳と幸福を求めるストア学を根本思想として『善行について』(De Beneficiis) などの作品を残した。また彼は、閑暇のためではなく生活のために学ばねばならないとして、実用的でない知識や言葉をただ弄ぶ修辞学者を批判した。

クインティリアヌス (Marcus Fabius Quintilianus、35頃−95頃) は、ヴェスパシアヌス帝によって最初に勅任教授となったローマを代表する修辞学校教師である。彼は『雄弁家教育論』を著わし、幼児期からの教育のあり方を説いた。鞭などの体罰を排し、共同生活のなかで友情や社会性を培う学校の役割を重視した。そして、パイダゴーゴスに子弟の教育を任せきりにすることを戒めた。彼は、哲学や雄弁術を修得した「完全な雄弁家」は国家のために正義を実現する「善き人」でなければならないと唱えた。

4 古代ローマの子どもの生活

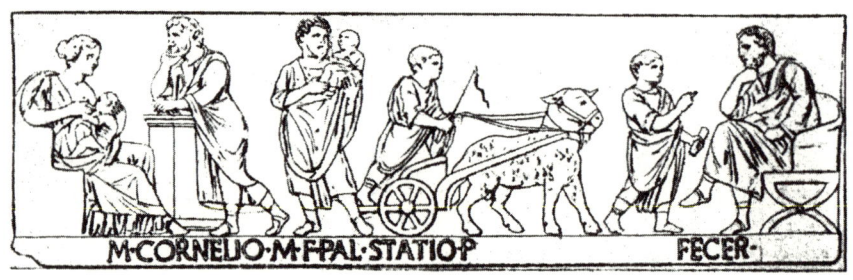

★図1-8　ローマの子どもの生活　乳を飲む　羊車で遊ぶ　書を暗誦する

キリスト教によって席捲されるまでのローマは多神教であり、子どもは誕生前からさまざまな神によって見守られていた。まず地母神信仰のもと、子どもは大地から生まれてくると信じられていた。誕生は安産の神（ユノ・ルキナ）によって守護された。

嬰児の生殺与奪は、父親が握っており、誕生直後の嬰児をベットから抱き上

げればその子は家族の一員として認められるが、そうでない場合、とくに障がいを背負った子はゴミ捨て場に捨てられた。ただその場合、捨てることは子どもを大地の神に返すことを意味していた。

捨て子は、幸運な場合は養子として育てられるが、娼婦や奴隷にされたり、去勢された男児が性の遊具として売られたりした。

家庭で養育される子どもは、2～3か月間、白い巻きバンドで首から足までぐるぐる巻きにされた。そうすることが子どもの四肢を真っ直ぐに成長させると信じられていた。そして男根の絵やニンニクをお守りとして首からぶら下げられた。誕生日には守護霊（ゲニウス）に感謝した。

豊かな家庭では、ギリシャ人の奴隷である乳母が子どもの面倒を見たが、タキトゥス（Cornelius Tacitus、55－120頃）のように、育児を乳母任せにする上流階級の母親を批判する声もあった。子どもたちはクルミのビー玉、目隠し鬼、兵隊ごっこ、コマ廻し、馬跳び、シーソー、人形遊びなどで遊んだ[†1]。クインティリアヌスは子どもの遊びの重要性を訴え、遊びの中で子どもの個性が芽生えること、遊ばない子どもは、成長してからも仕事もできない人間になることを述べた。

子どもは7歳頃になると、ルードゥスなどの初等学校に行った。解放奴隷が家庭教師（パイダゴーゴス）となっている場合が多かった。上流階級の子どもには、奴隷の子どもが世話係としてあてがわれた。初等学校で彼らは読、書、算を学んだ。ギリシャ流の音楽や体操やダンスは堕落したものとして扱われた。子どもたちはロウでできた書字板にアルファベットを書き、十二表法を暗誦した。「二と二は四」などの単純計算は暗誦され、複雑な計算ではソロバンが使われた。

授業ではこん棒による体罰が日常だった。教父アウグスティヌス（Aurelius Augustinus、354－430）は、その『告白』のなかで、60歳を過ぎても教師から受けた体罰に怯え、学校時代に戻るよりは死んだ方がましだと述べた。その教師たちの給料や社会的地位は低く、代筆業などの副業をしてやっと生活ができる有様だった。初等の読み書きは往々にして奴隷にも授けられたことから、古代ローマの識字率は高かった。

12歳頃になると、中等教育である文法学校に行き、ラテン語やギリシャ語

の文法が教えられると同時に、天文学や音楽、数学、地理などの一般教養を学んだ。14〜15歳頃になるとローマ人の正装であるトガを身につけることが許され、貴族など上流階級の子どもたちは高等教育である修辞学校に学んだ。そこでは筆記と口述の訓練がなされ、演説技術が磨かれた。さらに少数の者は、ストア学などの哲学を学んだ。成人してラテン語はもちろん、ギリシャ語を話し、ギリシャ的弁論術や哲学を身につけることがステータスシンボルとなっていた。だが、父祖の遺風を知り、ピエタス（敬虔）とグラウィタス（品位）といったローマの美徳を身につけているかが何よりも問われた。

【引用・参考文献】
†1　桜井万里子・他　2010　世界の歴史 5　ギリシャとローマ　中公文庫

Marie-Louise Plessen u. Peter von Zahn 1979 *Zwei Jahrtausende Kindheit;* Verlagsgessellscaft Schulfernsehen.
K.H.Guenther (Hrsg.) 1987 *Geschichte der Erziehung,* Berlin.
A・アンジェラ　関口　一訳　2010　古代ローマ人の24時間　河出書房新社
今井康雄・他　2009　教育思想史　有斐閣
田中克佳・他　1987　教育史　川島書店
三浦一郎・他　1984　世界子どもの歴史　古代ギリシャ・ローマ　第一法規
梅根　悟　1967　世界教育史　新評論

【図表・出典】
★図1-1〜1-8　Marie-Louise Plessen u. Peter von Zahn 1979 *Zwei Jahrtausende Kindheit;* Verlagsgessellscaft Schulfernsehen.

2章　中世ヨーロッパの教育

章のねらい　中世はキリスト教によって支配された社会であった。だから、教会と学校は密接な関係にあった。だが、中世における生産性の向上は都市の成長を促し、教会による統制から離れた大学や都市学校も生まれていった。中世の人々はどのような学校で学びどういう生活を送ったかをみてみよう。

1　中世封建社会の成立とキリスト教の教育

　西ローマ帝国を滅亡（476年）に至らしめたゲルマン民族は、その後も西欧で大移動を続けたが、フランクでは481年に、メロヴィング朝クローヴィス（Clovis、位：481－511）が統一王国を樹立した。クローヴィスはキリスト教に改宗してローマとの関係を深めた。やがてピピン3世（PipinⅢ、位：751－768）がカロリング朝を建て、その子カール大帝（Charlemagne、位：768－814）の時にフランク王国は最盛期をむかえた。

　カールは、フランクの教会や修道院の改革に着手するとともに、初等教育である教区学校の普及にも努め、800年には教皇レオ3世（LeoⅢ 位795－816）によってローマ皇帝の冠を授けられた。カールの死後フランク王国は分裂し、今日のフランス、イタリア、ドイツの原型が形成された。

　カロリング朝誕生の8世紀頃から、ヨーロッパでは氷河の後退に象徴される温暖化とあいまって、農業生産の拡大が見られた。三圃制や集村化、冶金術の進歩、水車や牛鋤の使用など農業上の技術革新によって生産は向上し、人口も増加した。このことは荘園を基盤に、封建的主従関係で成り立つ封建社会を発展させ、11－13世紀に封建制の全盛期をむかえた。封建制は主君が家臣（騎士）に封土を与え、家臣が主君に忠誠を誓う主従関係で成り立つが、この主従関係の正当性がキリスト教信仰によって担保された。「魂は神に、生命は国王に、名誉は我に」とする騎士道モラルはその典型。フランク国王がローマ教皇の権威と結びつこうとしたのもこの理由による。それゆえ、キリスト教普及のための僧院の教育の発展がはかられた。

(1) 僧院の教育

　当初のキリスト教学校は、改宗者にキリスト教の精神を問答形式によって教える問答学校（catechetical school）が主であった。やがてキリスト教社会の広がりとともに、教区制度が発達し、司祭、司教、大司教などの職階が誕生した。この司教がいる教会に設立されたのが司教座聖堂学校（cathedral school）である。この学校は、5〜6世紀に誕生するが、聖職者の養成を目的とするものであり、7自由科や神学を教えた。7自由科（自由7科）は、文法、修辞学、論理学（弁証法）の3学と、幾何学、算術、天文学、音楽の4科からなる。司教座聖堂学校は、やがて聖職志願者だけの内校（schola interna）と、聖職志願者以外の者を受け入れる外校（schola externa）に分かれた。

　修道院においても聖職者の養成が行なわれた。修道院は、教会が広大な土地所有者となるなどの世俗化に抗して、キリスト教本来の禁欲的な苦行を求める修行僧たちの共同生活の場であった。ベネディクトゥス（Benedictus、480頃−543）は、529年にイタリアのカッシーノ山に修道院を建設し73箇条からなる「聖ベネディクトゥスの会則」を定めた。それは、その後の修道院のモデルとなった。

　修道院で修行僧は、一日7時間を農耕、建築、鍛冶、織物などの肉体労働に捧げて自給自足の生活を送った。このことは農地の開墾と農業技術の革新を担うことになり、農業生産の増大と封建社会の成立を推し進めた。彼らは、貞潔、清貧、服従の三大理想を唱え、生涯独身で、粗衣粗食で、神と目上に対して従順な生活を送った。修道院では司教座聖堂学校と同じく7自由科や神学が教授されたが、写字室での写本は学問研究としても重視された。

　カール大帝は、王国の支配をキリスト教の権威によって維持しようとしたが、当時の聖職者の教養のレベルは低かった。そこで司教座聖堂学校や修道院の充実に努め、789年には修道院学校が設置された。同校に対してカールは、読むこと、歌うこと、若干のラテン語ができること、正確に計算できること、祭礼ができる能力などを求めていた。入学は7〜8歳で、15歳で修道士になるか否かを決定し、18歳で誓約を取り消すことができ、24歳までに司祭叙階式を受けるか否かを決心すればよかった。聖職者養成のために設立された修道院学校であったが、やがて9世紀には司教座聖堂学校のように内校と外校に分かれ

て、一般子弟も受け入れるようになった。

★図2-1　修道院学校での授業　15世紀後半

　キリスト教の振興とともにカール大帝は、質実なゲルマン民族からなるフランク王国の学芸の発展をはかった。イギリスから司教座聖堂学校長だったアルクイン（Alcuin, 735-804）を迎え、782年に宮廷学校を開かせた。アルクインは古典文学に精通し、7自由科を「知恵の殿堂の七つの柱」として重視し、王族や貴族の子弟の教育にあたった。彼は大帝によって796年にサン・マルタンの修道院長となった。

　フランク王国ではまた、初等教育の充実もはかられた。789年にカール大帝は、司教座聖堂や修道院および各教区の教会に学校を設置することを命じた。これらは教区学校（parish school）もしくは礼拝堂学校（chantry school）などと称された。これらの初等学校では聖書の内容をテキストとした読み書きと簡単な算数、唱歌や教会の典礼、そしてラテン語の初歩が教えられた。

(2)　僧院の教育内容

　貴族や騎士といった上流階級の子弟の多くは、聖職者になるか騎士になるかを決められた。6～7歳になると、初等学校や家庭教師のもとで文字と聖書の

講読、ラテン語、教会暦、唱歌などを学んでから、聖職者になる者は、司教座聖堂学校や修道院に進んだ。騎士になるものは、騎士としての教育を受けた。上流階級の女子は、家庭教師から裁縫や礼儀作法を学び、一定期間女子修道院に預けられ、読み書きを学んだ。

ベネディクト修道会の修道院長で第一回十字軍史を書き残したギーベルト（Guibert von Nogent、1055頃－1124）は、自伝で幼少時の生活や修道院の生活を記した[†1]。それによると、彼は未熟児で生まれたことから、聖職者になることを運命づけられた。6歳になると母親によって家庭教師を付けられラテン語を学んだ。この家庭教師は、手紙の書き方や詩の作り方に関して十分なラテン語能力を備えてなかったが、ギーベルトに対しては体罰を伴う厳しい接し方を行なった。

彼は、同年代の子どもたちから離され、聖職者のように遇せられた。家庭教師の同伴なくしては外出もできなかった。誰からも贈り物を受け取れなかった。言葉、まなざし、労働においてすべてに完璧を求められた。彼は日曜も聖祭日もなく家庭教師によって勉強と行儀作法の習得を強いられた。ある日、母親が彼の腕や背中に激しい体罰の痕が残されているのを見て激怒し、騎士として修行させなかったことを後悔したとギーベルトは回想している。

13歳でギーベルトは修道院学校に入った。その教育は「いかなる王子も修道院の生徒以上には入念に育てられない」と回想するような方法で行なわれた。修道院学校では、生徒たち（しばしば0歳から修道院にいた）のために堅い椅子が用意された。彼らは教育僧の不断の監督下にあった。教育僧は生徒たちの接触を禁じた。教育僧の許可なしには生徒たちは、描くことも、話すことも、立ち上がることもできなかった。修道院長以外の誰からも、彼らは贈り物を受け取ってはならなかった。

誰もまた、修道士となった先輩といえども、教室にやってきて生徒と話したり、笑いかけてはならなかった。寝室では彼らのベットは教育僧のベットによって相互に分けられた。修道士が夜の間、ろうそくの明かりのもとで、見張りをした。生徒は、教師が居合わせないと、トイレにも行けなかった。彼らが罰に値したとき、彼らは打たれた。それは年長の修道士にあっても同様だった。修道院学校の生徒たちは夜毎の合唱に、疲れでウトウトしないために重い本を

手に抱えた。

　修道院学校では、礼拝のラテン語やミサのための詩篇がたたき込まれた。教父についても学び、キケロの文書を基にした書体を習得した。教授はもっぱら退屈な暗唱だった。

　司教座聖堂学校や修道院では、基礎的学習がすむと教養科目としての7自由科に進んだ。文法、修辞学、論理学（弁証法）の3学のうち、最も重要だったのはラテン文法だった。修辞学では文体論や韻律論が教授されたが、これは公証人や書記に要求される公文書を書く訓練ともなっていた。論理学（弁証法）ではスコラ哲学的思考方法や討論方法（例：「すべての悪を抑止することは人定法に属するか」）などが重視された。3学を学んでから幾何学、算術、天文学、音楽の4科に入ったが、それらは主として教会の祝祭日の算出や賛美歌の練習のためにあった。

　7自由科を学んだあとは、専門科目としての神学に進んだ。聖書解釈、教父、教会法、典礼などが教授されるなかで11世紀以降、スコラ学が台頭した。スコラ学は宗教と哲学、信仰と理性の統一をはかるもので、トーマス・アクィナス（Thomas Aquinas、1225頃－1274）において一応の完成をみる。彼は普遍は実在するか（実在論）、名目だけのものか（唯名論）を巡って行なわれた普遍論争において両者の調和をはかった。彼が著わした『哲学大全』や『神学大全』は、僧院や大学において必読ともいえるテキストとなった。

(3) 騎士の教育

　騎士は、貴族、自由人（市民）、家士（ミニステリアーレス ministeriales）によって構成されていた。家士は本来、封建領主に隷属する非自由人だが功労によって自由人になれた。また富農民が武装することによって騎士と見なされることもあった。十字軍の遠征以降は、騎士修道会などが生まれて聖職者でありながら騎士でもある者も出現した。

　彼らは通常、6～7歳になると親元を離れて小姓となって領主の館に入り、14歳頃から従者として領主に仕え、21歳頃に刀礼を受ける。刀礼とは、騎士になるための儀式であって、ミサをあげてキリストと君主に仕えることを誓約した後、主君によって剣と槍と楯を与えられる。

小姓時代に彼らは、館で雑用をやりながら、とくに婦人に仕えて礼儀作法を学んだ。従者になると、騎士の7芸（乗馬、水泳、剣術、弓術、狩猟、チェス、吟詠）を取得したが、領主婦人など宮廷婦人との恋愛遊戯によって、礼儀、身だしなみ、上品な会話、作詞能力などを身につけた。狩猟は模擬戦闘でもあった。騎士への昇進が近づくと、教会の守護者としての心構えが重視され、高尚、勇敢、慈悲のモラルを有しているか否かが問われた。

騎士になると彼らの多くは遍歴の旅にでる。それは父親存命の場合は、領主の後を継ぐのに時間がかかるからであり、嫡男以外は、騎馬試合で勝って仕官の道を得るか、戦争で戦利品を獲るためであった。十字軍はこのような彼らの絶好の就職機会でもあった。

彼らが館で実際にどのように躾（しつけ）されたかをみてみよう。

上流社会の望ましい礼儀の教えはまず、テーブルマナーからはじまった。はじめは誰もが、小さな子どもが最も好んでするように、手で食べた。ナイフはまだ知られていなかった。ナイフは攻撃の道具なので、食卓ではとくに注意して扱われねばならなかった。スープは食卓の共同の鍋に入れられ、パンにつけられた。肉は手でつかまれた。

どのように口をぬぐうか、どのようにしてコップを飲み干すか、落ちたパンをどうするか、すべてはこの館で訓練された。「皿のうえでがつがつやり、豚のように食べ、ぴちゃぴちゃ音を鳴らして、鼻を鳴らし、さらにオナラもするような人は、貴人ではありえない」[†1]と教えられた。

2 商業と都市の発達と大学と都市学校の誕生

11世紀頃にはじまる農業上の技術革新による生産性の向上は、封建社会の安定と人口増をもたらした。人口は、飢餓から解放されフランスやドイツで約3倍、イギリスで約2倍に増えたという。

生産性の向上と人口増は、領土の拡大運動につながり、十字軍遠征の要因の一つとなった。聖職叙任権闘争において、教皇グレゴリウス7世（Gregorius Ⅶ、位：1073-85）がドイツ皇帝ハインリヒ4世（HeinrichⅣ、位：1056-1106）を破門して以来（カノッサの屈辱　1077）、教皇権は全盛を迎えていた。

教皇ウルバヌス2世（UrbanusⅡ、位1088-99）はビザンツ皇帝の求めに応じて、イスラム教徒に支配されている聖地（イェルサレル）奪回を号令した。これによって第1回十字軍（1096-99）が出発し、1270年の第8回十字軍遠征まで続いた。十字軍遠征の失敗は、教皇の権威を揺るがせ、騎士や封建領主の没落に繋がったが、地中海世界をヒト、モノ、カネが大量に移動したことにより商業と都市の発達が促された。

　生産性の向上は、手工業生産物など余剰生産物の恒常的交換（商業）をもたらした。このことは都市の成長を促進した。都市の多くは、修道院や司教座聖堂のある城下に設けられた市場に、商人が定住することからはじまった。商人は取引を独占するために商人ギルドをつくった。また、手工業者も技術の独占をはかるために同職ギルド（ツンフト）をつくった。

　都市はその商工業を発展させるために自由と自治を求め、領主からの自治権を確立していった。都市は都市法を整備し、都市参事会が行政を行ない、裁判権も行使した。逃散した農奴が都市に居住し、1年と1日が経てば自由人となれた。また、領主による年貢や賦役、兵役からも免除された。これらのことから「都市の空気は自由にする」と呼ばれた。

　十字軍の遠征によって交通網が形成されると、都市と都市を結ぶ遠隔地商業が生じた。北イタリアを中心とする地中海貿易圏では香辛料や染料などが扱われ、北フランドルを中心とする北西欧貿易圏では毛織物などが扱われ、これら二大貿易圏を結ぶ交通網のなかに商業都市が誕生していった。北ドイツでは14世紀にハンザ同盟が結成された。

　このようななか、新たな知識に対する欲求が大学の誕生を促進し、都市市民の教育要求が都市学校を生み出していった。

(1)　大学の誕生

　交易圏の拡大と都市の成長は、法の整備を必然ならしめローマ法などへの関心を高めた。十字軍の遠征などを通じて、ビザンツ帝国から入ってくるイスラム圏の医学、化学、数学などの高度な科学知識は人々の注目を浴びた。聖職叙任権闘争は、神学論争に論理学が取り入れられ、神学に対する新たなニーズを生み出した。これら新たな知識に対する欲求は、司教座聖堂や修道院では充た

されないことから大学の発生を促した。

　中世における大学は、今日のように最初からりっぱな建物があり、学生や教授といった身分が存在したのではない。いわば自然発生的に誕生した。ローマ法の権威者のもとに、あるいはアラビア医学の修得者のもとに、ヨーロッパ中から人々が集まり教えを請うた。これをウニヴェルシタス（universitas＝団体）というが、後にギルド的な「組合」を意味するようになる。当初は教会の回廊や教師の自宅などで講義が行なわれたが、やがて自前の建物をもつようになる。学生たちは出身地別に集まって国民団（nation）を形成し、学寮（collegium）に住んだ。この国民団が大学自治の主体となり、学寮そのものが教授施設ともなった。

　中世大学はストゥディウム・ゲネラーレ（studium generale）と呼ばれることをめざした。それは、教皇や皇帝の認可によって万国教授資格の学位を出せたからである。以下、中世大学のストゥディウム・ゲネラーレの典型としてボローニャ、パリの各大学を見てみよう。

　ボローニャ大学（イタリア）は1088年創立とされるヨーロッパ最古の総合大学である。ユスティニアヌス帝（Justinianus、位：527−565）が編纂した『ローマ法大全』は、中世において忘れ去られていたが、11世紀頃から法の必要性が高まると脚光を浴びた。イルネリウス（Irnerius、1055頃−1130頃）は、ボローニャの法学校で法学を講義した。彼は『ローマ法大全』を注解し、修辞学から切り離すことによって法学を学問として確立した。また、ボローニャ近在のヨハンネス・グラティアヌス（Johannes Gratianus、1100頃−1150頃）は、数多くの教令を精選し、教会法を理論的に体系化した。これらのことから法学の拠点としてのボローニャの卓越性が確保され、アルプスを越えて学生が集まりだし、1158年にフリードリッヒⅠ世（FriedrichⅠ、位：1152−90）によって認可された。ボローニャ大学は学生による10以上の国民団によって構成され、国民団から学長（レクトール）が選出された。この学長が教師を監督した。学生たちは家賃値上げ反対など生活防衛のために団結し、集団移住をちらつかせながら市当局と闘った。また、教授とは集団授業放棄で闘い教授とその授業を統制した。例えば、5人の受講生が確保されない授業には罰金が科せられるなどして、貧弱な授業の一掃がはかられた。

ボローニャ大学は、13世紀の後半には文学部や医学部の母体が、14世紀中頃には神学部が開設され1万人を超える学生数を有した。だが、教授資格の免許権をたてにしたローマ教皇の介入もあって学生主導の伝統は次第に衰退していった。

パリ大学は、ノートルダムの司教座聖堂学校をその起源とする。とくにピエール・アベラール（Pierre Abélard、1079-1142）が神学と哲学の教師だったときヨーロッパ中から学生が集まり、教師中心のウニフェルシタスが形成されていった。聖堂学校から大学への昇格の時期は曖昧だが、国王フィリップⅡ世（Philippe Auguste、位：1180-1223）の特許状を得た1200年が大学誕生の年とされる。

パリ大学には、英独国民団、フランス国民団、ピカルディー（パリ北郊）国民団、ノルマン国民団があった。彼らは僧籍も兼ねていることが多く、神学部、医学部、法学部の学生であると同時に、学芸学部（教養部）の教師でもあった。したがってボローニャとは違ってパリは、教師主導の大学であり学長は学芸学部（教養部）のなかから選ばれた。

中世の大学は、都市市民にとってはよそ者であり市民や市当局との争いが絶えなかった。大学は講義停止や解散をちらつかせながら、兵役や納税の免除、公権不介入とアジール権（ある種の治外法権）などを獲得していった。その獲得の過程をパリ大学において見てみよう。

1200年、市民（タウン）と学生（ガウン）の争いの結果、学生が殺された事件の収拾をはかったフィリップⅡ世（尊厳王）は、学生とその召使いを世俗の裁判権から免除する特権を公布し「市総監も裁判官たちも学生をいかなる違反ででも捕えてはならない」[†2]と述べた。1229年には酒屋で暴れた学生が官憲によって殺害されたことに抗議して大学は、2年間講義を停止して郊外に移住した。教皇グレゴリウス9世（Papa Gregorius IX、位：1227-1241）は、勅書『諸知の父』（1231年）において、フィリップⅡ世の特許状を再確認するとともに、学生が借金のために逮捕されることも禁じた。その後、罪を犯した学生は大学当局によって裁かれ、大学は大学牢をもつに至った。フィリップ4世（PhilippeⅣ、位：1285-1314）は、学生や教師からあらゆる税を強制的に取りたてることを禁じた。このように大学は、国王と教皇の両方から特権を認

めさせていったが、ルイ12世（Louis XII、位：1498－1515）の時代に特権の見直しが為されていった。

(2) 学生と大学教育

では学生はどのようにして入学してきたのだろうか。大学の講義はラテン語で行なわれるために入学者はラテン語を習得していなくてはならなかった。家庭教師から学ぶのは上流階級に限られ、多くの若者は都市ラテン語学校、学寮のなかの文法教室、修道院や司教座聖堂学校などでラテン語を学んだ。そして大学や時代によって違うが、パリ大学では13歳から14歳ぐらいで入学してきて、まず7自由科などの教養科目を学芸学部で約6年学んだ。その後、神学、法学、医学の学部で学ぶが、その間、マギステル（magister）の試験に合格すれば学芸学部での教授資格が得られ教師の国民団に入会できた。博士号を取るのは最低でも35歳頃とされた。

大学の講義が退屈で面白くなく、学生は喧嘩好きで常に親にカネの無心をしていたのは現代と変わらない。ハスキンズは『大学の起源』で中世の学生の無頼を次のように記す[†3]。

「彼らの多くは武器をもって街を歩き回り、市民を攻撃し、家々に押し入り、女たちをはずかしめる。彼らは犬や女やいろんなものについて仲間どうしで争い、刀でお互いの指を切り落とす。手にナイフだけをもち、剃髪した頭を保護するものは何もつけずに、武装した騎士でもしりごみするような争いのまんなかに飛び込む」。

また彼は、学生の学問に対するやる気のなさについて、「教師から教師、学校から学校へとわたり歩き、一度として全課程や正規の講義を聴いたことのない怠けものや目的のない学生がいる。学生という名前と、大学へ行っている間の仕送りだけを望んでいる学生は、好んで朝遅くまで寝ていられる教会法の講義を選び、週に一度か二度だけ教室へ出る。勉強すべき時にケーキを食べたり、教室では居眠りしたりして、残りの時間は居酒屋で飲んだり、遊んだりして過ごす学生が多い」と述べている。

★図2-2　中世大学の講義風景（14世紀）

(3) 都市学校の誕生

都市には司教座聖堂学校や修道院学校、教区学校など教会と密接な関係をもつ学校があった。やがて都市の成長とともに、都市市民は都市生活に必要な商工業上の知識などを求めて教会の目的から離れた学校を作った。都市貴族や上層市民層のための都市ラテン語学校や、都市の商人や手工業者のためのドイツ語学校（読み書き算の学校）などである。これらは市や市参事会によって建てられるか認可を受け、教会の同意を得なければならなかった。ま

★図2-3　ハイデルベルク大学の講義風景（16世紀）

た、都市の貧民のための貧民学校が私塾のようなかたちで生まれてきた。都市学校は、教育の独占的支配を要求する教会からさまざまな干渉を受けた。

遠隔地商業の発展などによって都市の上層市民層は、都市貴族と並ぶラテン

1部　地中海世界からヨーロッパ内部にひろがる教育

語などの知識を求めて都市ラテン語学校に子どもを通わせた。生徒は6～7歳で入学し、ABCから祈祷文の読み方、ラテン文法、ヴェルギリウス（Vergilius前70－前9）の詩などを読み、キケロなどのギリシャ語に進んだ。15歳位まで学んだ。その後は、家業継承や官吏になるか大学に進んだ。教師には当初、聖職者が就いていた。

★図2-4　ラテン語学校と教師　教師が質問している横で、教師助手が生徒に体罰をくわえている　1592年

ドイツ語学校では、読み書き、算術、賛美歌、宗教、初級ラテン語などが教授された。商人や手工業者の子どもは、6歳ぐらいから通いはじめ、4～5年にわたって読み書きやラテン文法の初歩を学んだあと、2年ほど算術の学校に通い、12～14歳で実業の道に入るのが普通だったという[†4]。

　授業では、従来ラテン語で書かれていた商業書簡、債務証書、土地証書などのドイツ語訳の手本帳が使われた。紙は高価なものであり、ろう版などが筆記に使われた。ラテン語は、4世紀に作られた『ドナトゥス文法書』などが用いられた。算術は計算盤で行なわれた。13世紀頃からローマ数字から次第にアラビア数字が使われたが、12進法や20進法が入り交じっている状況では、筆算は困難であったろう。算術は簿記の初歩も兼ねていた。

女子に読み書きを学ばせることは、あまり歓迎されなかった。本を読ませるよりも裁縫、料理などを習わせるべきだと考えられていたが、1320年にブリュッセルに女子のドイツ語学校4校の設置が教会によって認められている。

教師には、読み書き教師、唱歌教師、文法（ラテン語）教師、算術教師などがいた。また教師助手（見習い教師）もいた。教師には遍歴学生や職人など多様な人物が市によって雇われた。教師の地位は低く、収入も日雇人夫なみに少なかったので、教師たちは代筆、教会の葬儀の手伝いなどのアルバイトを余儀なくされた。生徒の親はパンやロウソクなどの施し物をして教師の生活を支えた。算術教師は測量士としても働いた。

★図2-5　算術教師と計算盤　1520年頃

プラッター（Thomas Platter、1499-1582）は、諸国を放浪しながら勉学し、綱造り職人や印刷業などもしながら、都市のラテン語学校長をした人物である。その彼が自伝のなかで、綱造り職人をしながら、読み書きの学校を開いたことを次のように述べている[†5]。

「冬には30人、夏には6人ぐらいの子どもが集まった。わずかな授業料以外に、卵や、チーズ、バター、肉、ミルク、野菜、ワインが届けられた。贈り物が届かない日は一日もないぐらいだった」。

教師の象徴は鞭だった。教師は教え方がわからないばかりか、ろくに知識もないくせに教師になっている場合も多かった。あまりの体罰のひどさに、南ドイツのエスリンゲン市参事会は、1548年に次のような布告をした[†6]。

「教師は、その生徒の頭をたたいてはならない。生徒は、手のひらで荒々しく打たれたり、耳をねじ曲げられたり、鼻を指ではじかれたりするような罰を受けてはならない。訓練のために鞭やこん棒を用いたりしてはならず、必要のさいは鞭で臀部のみを軽く打つべきである」。

都市の貧民は、その授業料ゆえに、ラテン語学校はもちろん、ドイツ語学校に通うことも困難だった。そこで安い授業料で、読み書きと算術も教える隅の学校（winkelschule）や、ちんけな学校（klippschule）と呼ばれる貧民学校が生じた。これらの学校は、教師の自宅の一室などで行なわれた。貧民学校は、その教育内容の類似性からドイツ語学校を支配下におく市当局とその教師、教区学校を支配下におく教会などから嫌がらせを受けた。市参事会によって学校が禁止され教師が追放されることもあった。

★図2-6　16世紀の貧民学校　6〜7歳の子どもの初登校　子どもたちは読み書きと算術も習っている

(4) 中世の子どもの生活

貧しい家庭に生まれた子どもや私生児の多くは、殺されるか捨てられた。子殺しは、当初は軽い教会罰だけだった。40日間、ワインと肉を絶つことと、一年間のセックスレスである。後に子殺しは火刑とされた。教皇インノケンティウス3世（Innocentius III位：1198－1216）は、多くの嬰児がテレヴェ川を流されていくのを嘆いた。

修道院には、今で言う「赤ちゃんポスト」があった。回転窓の外側に子どもを置き、呼び鈴を鳴らすと修道女が窓を回転させて、子どもを引き取った。修

道院は孤児院の機能ももっており、有能な子どもには読み書きが授けられ、聖職者に成長する場合もあったが極めて稀であったろう。

貧民が捨て子を発見した場合、その子どもを売る権利もあった。ある子どもは物乞いの集団に売られ、同情を引くために足を骨折させられた。

貴族など裕福な家庭に生まれた子どもは、乳母によって育てられた。四肢の変形を防ぐためとして、誕生後に身体を布によってぐるぐる巻きにされた（スウォッドリング）。長男は跡継ぎ、次男は聖職者、三男四男は騎士として振り分けられることが多く、それぞれにあった教育を受けた。ラテン語学校や大学、修道院や司教座聖堂学校、城館の小姓とそれぞれの道を歩んだ。

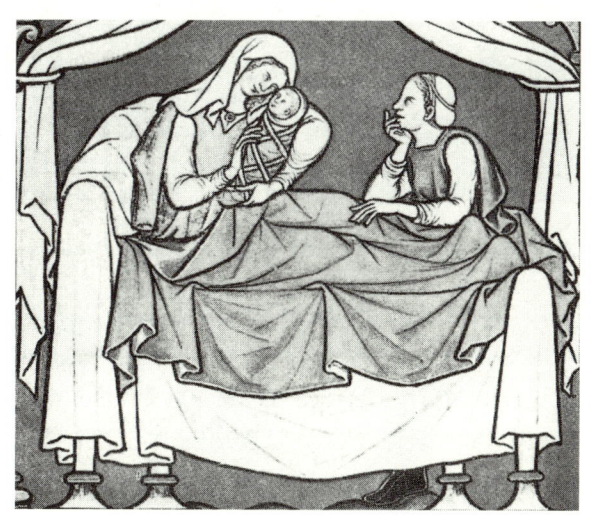

★図2-7　母とぐるぐる巻きにされた子ども（スウォッドリング）　1250年頃

ブリューゲル（Pieter Bruege 1525頃-1569）の子どもの遊戯（1560年）を見ると、中世の子どもがどのように遊んでいたかが一目瞭然である。輪廻し、馬跳び、目隠し鬼、コマ廻しなど、東洋の日本の今日とほとんど変わらない遊びをしていた。ただし、子どもの顔が子どもらしくないことに気づく。アリエス（Philippe Aries, 1914-1984）は、これらの絵の分析を通じて、中世には小さな大人しかいなく、子どもはいなかったと論じた[7]。

1部　地中海世界からヨーロッパ内部にひろがる教育

★図2-8　ブリューゲル「子どもの遊戯」

　多産多死の時代であり、裕福な家庭を除いて、6歳頃には親の庇護から離れて自立を求めていく場合が多かった当時、子ども時代は非常に短かった。教区学校や都市の貧民学校に行けた場合は、まだまだ恵まれた方であった。読み書きなどまったく知らずに、農村においては農奴として、都市では商家の奉公人や職人の見習いとして半ば奴隷として働いた。彼らの多くは、成人になる前に病気や事故などで死んだ。

【引用・参考文献】
† 1　Marie-Louise Plessen u. Peter von Zahn. 1979. *Zwe Jahrtausende Kindheit;* Verlagsgessellscaft Schulfernsehen.
† 2　ローゼンフェルト他、鎌野多美子訳　1999　中世後期のドイツ文化　三修社
† 3　C.H.ハスキンス、青木靖三・他訳　2009　大学の起源　八坂書房
† 4　清水廣一郎　1982　中世イタリア商人の世界　平凡社
† 5　阿部謹也　1985　放浪学生プラッターの手記　平凡社
† 6　江藤恭二　1980　ドイツのこころ　講談社
† 7　アリエス、杉山訳　1980　「子供」の誕生　みすず書房

Horst Schiffler u.Rolf Winkeler 1994 *Tausend Jahre Schule, eine Kulturgeschichte des Lernens in Bildern*, Belser Verlag.
阿部謹也　1987　甦る中世ヨーロッパ　日本エディタースクール

【図表・出典】
★図2-1、2-7　Marie-Louise Plessen u. Peter von Zahn 1979 *Zwe Jahrtausende Kindheit;* Verlagsgessellscaft Schulfernsehen．
★図2-2〜2-6　Horst Schiffler u.Rolf Winkeler 1994 *Tausend Jahre Schule, eine Kulturgeschichte des Lernens in Bildern*, Belser Verlag.
★図2-8　Pieter Brugel 1560 Children's Games. Kunsthistorisches Museum Wien.

1部 地中海世界からヨーロッパ内部にひろがる教育

3章 ルネサンス・宗教改革・科学革命から近代教育思想へ

章のねらい 近代初期のヨーロッパは、ルネサンス、宗教改革そして科学革命を経験して、市民革命や産業革命を準備していく。この間、封建制からの人間の解放がはかられ、ヒューマニズムの精神に基づく教育思想が広がっていった。今日の私たちの学校や教育の原型がどのように構想されていったかをみてみよう。

1 ルネサンスと人文主義者たちの教育思想

十字軍の遠征（11〜13世紀）の失敗は、教皇や教会の伝統的権威の失墜をもたらしたが、ヨーロッパ諸国における商業圏の拡大と領土拡大意欲は衰えなかった。羅針盤の改良、航海術や造船技術の向上などにより迎えた大航海時代（15〜17世紀）は、アメリカなど新たな植民地をヨーロッパにもたらすと共に、地中海から大西洋へと国際商業の重心を移動させた。オランダ、イギリス、フランスの都市がバルト海商業圏の中心地となった。またジェノバ、フィレンツェ、ヴェネチアなどのイタリアの都市も、地中海商業圏の基地として繁栄を極めていた。

ルネサンスはこれらの都市を中心として起こった文芸復興運動である。教皇などの伝統的権威や因習に囚われない人間観、現世を肯定し、個を尊重する人間像を求めた人々は、古代ギリシャ・ローマの古典にその答えを見いだそうとした。それを人文主義（humanism）という。

ダンテ（Dante Alighieri、1265-1321）は『神曲』（La Divina Commedia）のなかで、教皇ボニファティウス8世（Bonifatius VIII、1235-1303）を地獄に落とした。同教皇は、教会への課税をめぐって対立したフィリップ4世（Philipe IV、1268-1314）によって憤死させられたが、神の審判など存在しないといってはばからず、美女と美食に耽っていた。

古典語による人文主義に先鞭をつけたのは、イタリア生まれのペトラルカ（Francesco Petrarca、1304-74）とされる。彼は、少年時代にキケロの著作に魅せられ、古典ラテン語を模倣して叙事詩、叙情詩や書簡などを書いた。女

性への愛を歌った叙情詩『カンツォニエーレ（Canzoniere）』はルネサンス社会に多大な影響を与えた。彼の友人でもあるボッカチオ（Giovanni Boccaccio 1313-1375）は、『デカメロン』（Decameron）を著わし、聖職者の腐敗や性の放埓などを喜劇風に描いた。

キケロなどの古典ラテン語が復興するなかで、オスマントルコの圧迫を受けたギリシャ語を母語とするビザンチン帝国（東ローマ帝国）から知識人たちがイタリアに来て、古典ギリシャ語を伝授した。1393年にビザンツ皇帝の特使として来たマヌエル・クリュソロラス（Manuel Chrysoloras、1350頃〜1415頃）は、フィレンツェでギリシャ語講座を開設した。また、ビザンチンの首都コンスタンチノープルに留学してギリシャ語を習得する者も現われた。

これら人文主義者たちは、新たな人間観、新たな人生観をギリシャ・ローマの古典を基盤に展開していったが、教育に関しても新たな教育思想をもたらした。以下、その典型を見てみよう。

★図3-1　ギリシャ語を学ぶ人文主義者たち　教師の手に鞭はない　1496年

　グアリーノ（Guarino da Verona、1370-1460）は、クリュソロラスの下でギリシャ語を学び、1420年にヴェローナに市の委託による学校を開設した。彼の学校は、その教育が体系的に整備されていたことで好評を博し、イタリアはもとよりヨーロッパ中から生徒が集まり彼の自宅に寄宿した。やがてフェラーラ市に招かれて同市でも学校を開設した。

彼は1416年に発見されたクインティリアヌスの『雄弁家教育論』を参考に教育を行なった。教育課程は初等コース、文法学コース、修辞学コースに分けられた。初等コースでは発音が鍛えられ、文法学コースでは古典ギリシャ語・

ラテン語と詩や歴史が教えられ、修辞学コースではキケロ、クインティリアヌスなどの作品が用いられ演説の練習が行なわれた。

　グアリーノは、鞭による教育を否定し、修道院などには見られなかった運動、水泳、ダンス、散歩などを取り入れた。彼の教育は、その息子によって1459年『教授および学習法』(De ordine docendi et studendi) としてまとめられた。

　ヴィットリーノ（Vittorino de Felta、1378－1446）は、パドヴァ大学で学芸（ラテン語、論理学、修辞学）を修め、学生に教授した。当時のパドヴァには、ペトラルカの精神がまだ強く残っており、ヴェネチアに近いこともあって自由で社交的な雰囲気が溢れていた。彼はここで学芸の他に数学教師の家に住み込んで数学を学んだ。ギリシャ語は当時ヴェネチアにいたグアリーノから学んだ。

　1420年にパドヴァに戻った彼は、大学で教えるほか、自宅にも寄宿生を住まわせた。1423年にはグアリーノの紹介でマントヴァ侯に家庭教師兼宮廷学校教師として招かれた。

　彼はこの宮廷学校を「喜びの家」(casa giocosa) と名づけた。この学校には王侯貴族の子弟のみならず、一般庶民の子どもも加えられ、貧しい生徒には無料の寄宿と授業と衣服が与えられた。ヴィットリーノは、師グアリーノと同じくクインティリアヌス流の人間形成を理想とした。知識と徳が結びつき、自己表現が巧みで、公のために善を為す人間像である。

　「喜びの家」では、ギリシャ語、ラテン語の古典語が重視され、ウェルギリウス（Publius Vergilius Maro、前70－前19）の詩の暗誦が行なわれ、クインティリアヌスやキケロの文章が用いられた。愛国心を涵養するために古代ローマ史が語られ、音楽（軍歌、賛美歌）の授業もあった。また、武芸など騎士としての素養も身につけさせれられた。

　修道院とは違い、この学校では生徒たちが能動的で活発で笑い声が絶えなかったが、キリスト教的な自己犠牲精神や禁欲生活が否定されたわけでは決してなかった。古典語を中心とする人文主義的教育、騎士道的訓練そしてキリスト教的訓育が調和され、諸侯がそれぞれに有していた宮廷学校の模範とされた。

　エラスムス（Desiderius Erasmus、1466頃－1536）は、国際商業の中心地

で繁栄を極めたオランダ・ロッテルダムに生まれた。少年期に両親がペストで亡くなると、共同生活兄弟会の学校に入った。同会は、聖職者の腐敗を告発し、信仰のみによって魂の救済をはかり、宗教書そのものにキリスト教の精神を求めるものである。やがて修道院でキケロやクインティリアヌスなどの古典に親しみ、パリ大学で神学を学んだ後、イギリスに渡ってトマス・モアやヘンリ王子と親交を結んだ。1506年にはイタリアに行きトリノ大学で神学の博士号を取得した後、ケンブリッジ大学教授となった。

著名な『痴愚神礼賛』（Encomium Moriae、1509）は、モア邸で書かれた。同書は、痴愚の女神が聴衆を前に演説し、王侯貴族や聖職者・神学者・学者ら権威者を徹底的にこき下ろし、人間は愚かであればこそ幸せなのだと説くものである。彼はまた1519年にギリシャ語原典から新約聖書をラテン語に翻訳して教皇に献呈した。

このような彼の姿勢は、同時代人のルターの聖書主義に影響を与えた。

『痴愚神礼賛』で文法教師の無能さと野蛮な鞭の教育を批判し、文法学校を奴隷が漕ぐ「ガレー船」とまで言い放ったエラスムスは、当然ながら教育の在り方についても論じた。代表的なものとして『学習方法論』（De ratione studii、1511）と『児童教育論』（Declamatio de pueris instruendis、1529）があげられる。『学習方法論』では、クインティリアヌスの『雄弁家教育論』に則した方法で、古典語学習の方法論が論じられた。生徒の興味・関心が重視され、古典語学習における自発性が尊重された。

『児童教育論』では、幼い頃からの教育の必要性が問われた。彼は7歳頃まで子どもを人形のように扱って何も習得させない上流階級の女性を批判し、「早期の子ども時代においては、ただの1年は、精神が硬直化している大人時代の10年よりも価値がある」[†1]と述べ早期からの教育の必要性を訴えた。また、当時の学校を鞭とこん棒の音が鳴り響く牢獄と非難し、そのような学校の教師を処刑人と同じだと断じた。

彼は、教師には子どもに対する同情と共感が必要であり、子どもの興味・関心を重視すること、学習はできるだけゆっくりと、面白くやらせるために、カルタなどの遊戯も活用すべきことを提唱している。

エラスムスの生きた時代は、封建制が揺らぎ階層移動が可能となった時代で

もあった。それゆえ彼は、下層階級の教育にも留意すると同時に、下層階級の上昇のために挨拶の仕方、食事の作法、鼻のかみ方などの礼儀作法の手引き書も残した。

モア（Thomas More、1478-1535）は、1516年に『ユートピア』をラテン語で出版した。そこでは戦争のない平和な原始共産主義思想が提示されている。住民はみな同じ清潔な衣装を着け、財産を私有せず、必要なものがあるときには共同の倉庫のものを使う。人々は勤労の義務を有し、日頃は農業にいそしみ（労働時間は6時間）、空いた時間は芸術や学問研究に使う。モアのユートピアはイタリアのカンパネラ（Tommaso Campanella、1568-1639）が描いた共産主義的ユートピア『太陽の都』（1602）などと共に、万人に平等な教育をという近代教育思想に影響を与えた。

ヴィヴェス（Jean Luis Vives、1492-1549）は、スペイン・バレンシア生まれの人文主義者。パリで学びイギリスの宮廷学校の教師となり、オックスフォード大学で教えた。モアと親交があった。彼は1531年に『学問論』（De tradendis disciplinis）を著わした。そのなかで彼は、公費による教師の給料支出を求めた。また、母国語教育の重要性と教育における実用主義を唱えた。彼は言う。「自然の事物について学んだ人は次いで、人間生活に一層近づいてゆき、人間の作り出した技術と発明を学ぶべきである。例えば衣食住に関する技術を。まず農耕に関する著作を読み、次いで植物動物に関する著作、次いで建築術、次いで旅行、交通に関すること、航海術を学ぶべきである」[†2]。ヴィヴェスのこのような教育思想は、後述するコメニウスに影響した。

人文主義者たちの教育思想は、古典語学習による人文主義的教養に裏打ちされた人間形成と同時に、生活に有用な知識を教育することの重要性を訴えるものであった。

人文主義の興隆とともに、大学では従来のスコラ学と並んで詩学や雄弁学などギリシャ・ローマの古典が研究されるようになった。また、人文主義を標榜する中等教育機関も誕生した。イギリスではコレット（John Colet、1466-1519）が1510年頃に設立したセント・ポールズ校（St. Paul's School）。同校をモデルにラグビー校（1567年）やハロー校（1571年）などが創設された。フランスでは1530年に創設された王の講師団（lecteurs royaux）というアカ

デミーを設立母体とするコレージュ・ド・フランス（College de France）。カルヴァンやシュツルムも同コレージュで学んだとされる。ドイツでは、このシュツルム（Johannes von Sturm、1507-89）がシュトラスブルクに設置したギムナジウム。同ギムナジウムは、6歳頃から入学する9年制だった。

2 宗教改革と反宗教改革、それぞれの教育

　大航海時代による新大陸の発見によって商業圏が拡大すると共に、メキシコ銀がヨーロッパにもたらされ貨幣経済が農村部まで浸透した。16世紀には一般に価格が3倍にまで跳ね上がる価格革命が起こり、領主（貴族）や農民、都市市民の間にあった封建制的秩序が揺らいだ。荘園領主でもあった騎士（貴族）は、火砲や傭兵制の発達によって存在意義をなくし、価格革命によって経済的に打撃を受けた。農村では農民が土地を失って没落する一方で、貧農を雇って大農場を経営する富農も現われた。都市では国際経済圏の発展に伴って大商業資本家が現われると同時に、周辺から貧民の流入が続いた。さらにペスト渦や飢饉などの社会不安が続き、騎士、農民、都市住民の間で不満が高まっていた。宗教改革はこのような時代を背景に起こった。

(1) ルターと宗教改革

　人文主義の興隆は古典研究を促し、ギリシャ語原典の『新約聖書』やヘブライ語原典の『旧訳聖書』を読むことを可能にした。

　ルター（Martin Luther、1483-1546）は原典による神学研究によって原罪と向き合うなかで、罪を許されるのは善行や献金ではなく「信仰のみ」（sola fide）によること、神の言葉は教皇からではなく聖書からのみ知ることができるとする「聖書主義」、そして神の言葉はあらゆる人に直接に聖書を通して読まれねばならないとする「万人司祭主義」を唱えた。

　1517年、ルターは教皇による贖宥状（免罪符）の乱売に抗議して95箇条の論題を公表した。教皇からの破門、皇帝カール5世（Karl Ⅴ、位1516-56）の取り消し要求にも屈しなかったルターは、教皇や皇帝支配に不満を抱いていた騎士、農民、都市住民たちの共感を呼び、社会抵抗運動の引き金となった。

1部 地中海世界からヨーロッパ内部にひろがる教育

騎士戦争（1522-23）、農民戦争（1524-25）と内乱が続く中でルターは、当初は農民たちに同情的であったが、次第に農民たちに対して激烈に非難しその弾圧を求めた。1525年には領主たちと「奴らを叩き倒せ、絞め殺せ、刺し殺せ」と叫んだ。

これ以降、ルターは「聖書主義」や「万人司祭主義」に基づく広範な民衆教育の視点と、民衆支配の道具としての教育の視点を合わせもつことになる。ルターによれば、支配者は神によって選ばれた者であるから、民衆は神の命令に従うように支配者に従わねばならない。封建領主の多くが、ルター派を受け入れた理由がここにある。

ルターは1520年に『キリスト教貴族に与える書』（an den christlichen Adel）を著わした。同書で彼はローマ教皇の腐敗を訴え、宗教界の革新を唱えながら教育改革についても言及した。大学はアリストテレスではなく聖書そのものを研究すべきであり、男女は9～10歳までに福音（イエスによって語られる神の教え）を知らねばならないとされた。

1524年には『ドイツ全都市の参事会員に与える』（an die Ratherrn aller Staedte deutscher Landes）を書いた。同書で彼は、すべての民衆に福音を知らしめるためには都市学校の設立が急務と考え、市参事会に学校設立を求めた。男子は一日1～2時間、女子は1時間ずつ通い、読み書きと福音を学び、参事会は就学を強制できるとされた。また将来教師、説教師、官吏などになる有能な子どもにはフルタイムでの就学が課せられた。

ルターは『説教』（Predigt）を1530年に著わした。同書で彼は、民衆に対する強制教育を公費をもって行なうことの重要性を説き、聖職者や官吏を民衆のなかから選び出し、ラテン語学校などでエリート教育を行なうべきことを唱えた。

各教区、とくに農村の教区を視察したルターは、民衆のほとんどがキリスト教の教えについて何もしらないことに驚愕した。そこで十戒などの教えを問答を通して暗記させるものとして、『カテキズム（教義問答書）』（1529年）を出した。同書では神への服従とともに両親や支配権力への服従も説かれた。そして1534年、聖書そのものを万人が読めるために聖書をドイツ語に訳した。宗教改革を進めたルターは、広く民衆教育の必要性を説きながらも、民衆のなか

から支配権力に奉仕し、民衆支配の役割を担う聖俗のエリート育成も唱えていたのである。

★図3-2　ルターが聖書を訳したワルトブルク城（左）とルター愛用の聖書（右）

(2) プロテスタント派の教育

　宗教改革以降、キリスト教はローマ教皇に従属する旧教（カトリック）と従属しない新教（プロテスタント）に分かれていく。ヴィッテンベルク大学でルターの同僚だったメランヒトン（Philipp Melanchton、1497-1560）は、新教に基づく神学を大学に導入し、新教系のラテン語学校設立に尽力した。また、ザクセン選帝侯国の学校規定案を作成した。ルター派の教育は領主に対する忠誠を神への忠誠と同じと説くものでもあることから、ルター派の領主はプロテスタンティズムに基づく学校の設置を進めた。

　例えば、1559年にはヴュルテンベルクで学校規定が定められ、1580年にはザクセン選帝侯国で「学校令」を定めた。これらの法令によると、各村落は牧師の監督の下に、教会関係者が学校を設置し、読み書きとカテキズム、賛美歌などを教えることが求められた。また、住民は子弟を就学させねばならなかった。

　スイスではフランスから来たカルヴァン（Jean Calvin、1509-1564）が宗教改革を主導した。それぞれの職業は神によって定められたものであり、信仰と禁欲生活、勤勉と蓄財によって救われると説く彼の思想は、都市市民や商業資本家の共感を得た。カルヴァン派はフランスではユグノー、イギリスではピューリタンと呼ばれ、それぞれ初等・中等教育とアカデミーなどの高等教育の

43

充実をはかった。

(3) 反宗教改革と教育

　宗教改革で打撃を受けたローマ＝カトリックは、イタリアのトリエントで教会会議（1545－63）を開き、教皇至上主義を再確認した。同時に、異端の取り締まり、禁書の統制、各教会における無償の初等教育などを決めたが、これによって反宗教改革が進められた。その中心となったのがイグナティウス＝ロヨラ（Ignatius Loyola、1491－1556）によって設立されたイエズス会である。同会は、軍隊に似た厳しい規律と階級をもち、禁欲生活と異端との闘い、海外への布教を積極的に行ない、旧教振興のために中等・高等教育機関を多数設置した。イエズス会は、フランスで旧教と新教が殺戮しあった宗教戦争（ユグノー戦争、1562－98）の最中の1564年、パリ大学にクレルモン学寮を開設した。

　教育界におけるイエズス会の名声を高めたのは、厳格な古典語教育で知られたコレージュである。イエズス会は会士の育成の詳細について、1599年に学事規定（ratio studiorum）を定めた。同規定によると、イエズス会のコレージュでは10歳頃から入学し、約6年間、ラテン語、ギリシャ語、ヘブライ語などの古典語を学ぶ基礎課程、さらに3年の哲学課程と4年の神学課程が続いた。学費が低廉で、褒賞を制度化し、生徒同士を競わせ、反復練習と作文によって徹底的に語学をたたき込んだイエズス会のコレージュは、貴族や都市上層市民層の強い支持を得た。聖職者はもちろん、裁判官、財務官、外交官、公証人、医師などに就くには古典語の知識は不可欠だったのである。

　初等教育では、シラン（Saint Cyran、1581－1643）によって主導されたポール・ロワイヤル運動家たちによって1637年に設置された「小さな学校」（petites ecoles）があげられる。同校は母国語や歴史、数学、実物教授を重視したが、カルヴァンの影響が強いとのことでイエズス会の排撃を受け、1661年に閉鎖された。

　ラ・サール（La Salle、1651－1719）によって1680年頃に設立された「キリスト教学校兄弟会」は、無償で初等教育を施す慈善学校を設置した。この学校は、ラテン語から始めてフランス語に進む伝統的な学習方法を逆転させてフランス語から始めるなど、当時としては革新的な教授法を行なって、富裕層の

支持も得た。

　フランスからカルヴァン派の一掃をはかったルイ14世（位1643－1715）は、1698年の勅令で、学校のない教区に初等学校を設けることを命じた。とりわけカルヴァン派だった親には、子どもを14歳まで学ばせて、カテキズムをたたき込むことが厳命された。初等教育の普及は都市部と農村部では違ったが、1690年頃、結婚の際に教区簿に署名できたのは全国平均で男性28％、女性14％だった。

(4)　民衆の子どもたちと学校

　16～17世紀のフランスやドイツでは、ペストやコレラ、戦争や凶作が頻発していた。浮浪者が道端で死に、死んだ乳飲み子が道に横たわっていた。犯罪者、異端者、魔女が公開処刑され、子どもたちもこの「娯楽」に当然のように連れていかれた。

　乳飲み子が死ぬのは当たり前で、およそ半数が二歳までに死んだ。妊産婦が死ぬのも当たり前だった。都市の貧民は、陽のまったく当たらない家に住み、常に飢えにさらされた。農民は家畜のように働いても、労役と年貢や税に苦しめられた。貧しい親たちは、子どもを育てられない場合、里子に出したが、その子どもは不衛生な環境のなかで十分な食事も与えられずに死んでいった。

　人文主義や宗教改革の時期を通じて、特権階層の教育だけではなく民衆教育の必要性が叫ばれた。その学校はと言えば、都市部では、屋根裏や地下室のような狭くて暗くて不衛生な場所にあり、農村部では教会の物置小屋のようなところにあった。授業は宗教以外のことはほとんど教えられず、書き方の授業は賛美歌の丸写しだけだったりした。いや、教師自身が算数はもちろん、ろくに読み書きができなかった。

★図3-3　村の学校　17世紀

　教師には誰でもなれた。聖職者、学生崩れ、退役軍人、職人や寡婦。原則として教区の教会が認めれば特別な資格は要らなかった。もちろん俸給は安かった。日雇い人足と変わらなかった。多くの教師は正業（鍛冶屋や仕立屋など）の片手間に教育をした。
　彼らの多くは粗野で無教養だったため、教え方の工夫も知らなかった。だから、教育には体罰が用いられた。子どもたちは、こん棒や鞭で殴られた。さらにプロテスタンティズムは原罪と真摯に向き合うものであったから、寛容は悪魔の道具とみなされた。教師や親は、子どもが可愛いのであるなら、聖書の教えにしたがって打つことを躊躇ってはならなかった。プロテスタント（とりわけカルヴァン）の禁欲生活は、賭け事も華美な服装も禁止、性的逸脱は厳罰の対象だった。そのことは子どもの日常にも入り込み、自由な遊びは制限された。カルヴァンは、安息日に輪遊びをした少女を罰した。

3　科学革命と教育

　バターフィールド（Herbert Butterfield、1900-1979）によれば、科学革

命 (scientific revolution) とはコペルニクス (Nicolaus Copernicus、1473-1543) からニュートン (Isaac Newton、1642-1727) の時代、つまり1500年頃から1700年頃をさすという。科学革命には二つの要因、観察や実験を重んじるルネッサンス精神と絶対王制下における重商主義政策が生み出した科学技術の振興政策をあげることができる。

この間、中世のキリスト教的世界観が地動説によって動揺し、ベーコン (Francis Bacon、1561-1626) の帰納法、デカルト (Rene Descartes、1596-1650) の演繹法によって近代的な思考方法の基礎が形成された。帰納法とは先入観 (idola) を排して事実の観察・実験から一般的法則を導き出すもので、ニュートンの万有引力の発見に寄与した。演繹法とは三段論法に見られるように、一つの命題から論理的推論によって必然的結論を導き出すものである。これら人間理性の発見は啓蒙思想を生み出し、市民革命を準備していった。

16世紀頃にはじまる封建制の解体は、資本主義への移行期に絶対主義体制を取る。王権神授説によって権威づけられた王権の下に産業の振興がはかられ、その基盤となる科学技術の発展が王権によって期待された。フランスやイギリス、ドイツなどに設けられた王立の科学アカデミーはその典型である。

科学革命は、とりわけ生産活動や商業活動に従事している都市市民層の支持を得て、自然科学など現実の生活に有用な知識を求める実学主義を生み出した。この実学主義は、人文主義と結びつき、ユートピア思想の中で語られた。アンドレアエー (Johann Valentin Andreae、1586-1654) は、『クリスティアノポリス (キリスト教徒の都)』(1619年) で理想国家 (ユートピア) を描いた。そこでは私有財産が否定され生活必需品は国家によって支給される。青少年は平等に教育されるものとされ、とりわけ数学や、植物学・化学・鉱物学・解剖学・薬学などの自然科学が重視された。すべての授業は具体的でなければならないとされて植物園が設けられた。アンドレアエーのユートピア思想は後述するコメニウスに影響を与えた。以下、実学主義に基づく教育思想を展開し、近代教授学を築いたラトケとコメニウスについて見てみよう。

(1) ラトケ

ベーコンが唱えた科学研究の方法を最初に教育の実際に適用し、具体的事物

の観察からはじまる教育を提唱したのがラトケ（Wolfgang Ratke、1571－1635）だった。

　ラトケは北ドイツのヴィルスター（Wilster）に生まれた。ロストック大学で神学、哲学、言語学を学んだ後、アムステルダムでアラビア数学を学ぶ。同地で汎知学的・百科全書的教育による教育改革を研究。1612年にフランクフルトで開かれたドイツ選帝侯会議に教育改革に関する建白書を提出した。そのなかで彼は、言語教授法の改革、汎知学的教育、全ドイツで統一的な言語、政治、宗教を学校で教えることによる平和な社会の実現を訴えた。

　彼は各地で諸侯に教育改革の実現を求めた。1618年にケーテン（koethen）侯国が彼の教育計画を受け入れたがすぐさま挫折した。その後も各地で教育改革を訴え続けるが失意のままエアフルト（erfurt）で死去した。

　ラトケの教授原則をまとめると次のようになる。
・子どもの興味や関心など学習意欲を喚起せよ。そのためには遊びの要素も重要。
・すべては自然の秩序によって教えること。自然の秩序によって簡単なものから複雑なものへ、既知から未知へ進むべきである。体罰や暴力的強制は有害である。
・すべてはまず母国語で教えること。
・最初に具体的な事物そのものを、次いで事物に関する法則を。
・子どもの実際の体験や研究によって得られる知識が大切で、無意味な暗記をさせてはならない。

　このように自然の秩序に従うラトケの教授方法は、近代教授学に引き継がれていった。

　では実際にどのような学校とそのカリキュラムを構想したのだろうか。ケーテンの教育計画などからみると、彼は学校を教会の支配から解放し、国家の監督下に置くことを提唱した。そしてその学校では男女が平等に、祈祷とカテキズム、ドイツ語の読み書きと算数、そして唱歌が教えられるものとされ、そしてラテン語、ギリシャ語に進んだ。

　ラトケが生きた時代はドイツ30年戦争（1618－1648）によって国土が荒廃した時代であった。そのなかで彼は、教育改革による社会改革を求めたのであ

る。

(2) コメニウス

ラトケの説いた教育思想をさらに深化させ近代教授学の礎を築いたのがコメニウス（Jan Amos Comenius、1592－1670）である。コメニウスはチェコ東部のモラビアで生まれた。新教系のチェコ兄弟教団附属学校で教育を受け、同教団の後継者と目されドイツに送られた。ヘルボルンやハイデルベルクの大学で学び、ベーコン、ラトケやアルシュテット（Johann Heinrich Alsted、1588－1638）から影響を受けた。1614年に帰国。兄弟教団附属学校の教師となり、18年に説教師となる。30年戦争が勃発し、チェコでは新教徒が迫害されたため、ポーランドに亡命。兄弟教団15万人の代表となる。以降、イギリス、オランダ、スウェーデン、ハンガリーなど諸国を放浪し、オランダで客死した。

★図3-4　コメニウスの肖像

コメニウスはドイツ30年戦争の真っ直中に生き、迫害され、妻子を戦乱のなかで亡くし亡命生活を余儀なくされた。それゆえ彼は、世界平和のために世界機構がつくられ、学術、宗教、政治において普遍的な思想や知識が打ち出されること、そしてすべての人々がその普遍的な思想や知識の体系を学べるようにすること、そのことに生涯を捧げた。

彼は万人にあらゆることを教えることが世界平和に繋がると考え、『百科全書』（1630年）の執筆者アルシュテットなどの影響下、「汎知学」（pansophia）を教育内容として展開した。汎知とは、神の言葉が記された聖書の世界、神の似姿である人間自身、そして神によって作られた世界についてのあらゆることをさす。コメニウスはポーランド亡命中の1631年に『開かれた言語の扉』

(Janua linguarum reserta）を著わした。同書はギムナジウムの言語教育用のテキストとして編集されたものであるが、ラテン語とドイツ語とポーランド語が併記され、天体学、自然学、鉱物学、生物学、人間学（生態・慣習・法律）、職業、社会生活、学術、倫理、宗教などに関して100項目が盛り込まれた。

ラテン語による知識が特権階層だけのものとなっていた当時、彼は知識を万人によって共有されるために母国語を重視した。同書は、二つの著作へと発展する。一つは初等用に編集され視覚に訴える絵が入った『世界図絵』（Orbis sensualium pictus、1658）であり、もう一つは中等教育用に編集され、内容を対話形式にして生徒自らが声や身体を使って演劇をしながら学ぶ『遊戯学校』（schola ludus、1656）である。

★図3-5　世界図絵の一場面「子どもの遊び」

教えるべき内容が汎知でも、子どもが習得できなければ意味がない。コメニウスは汎知をどう教えるかについて心血を注ぎ『大教授学』（Didactica Magna、1657）を刊行した。同書の序文で彼は、「あらゆる人にあらゆる事を教える普遍的な技法を提示する」と謳い、この技法によって、すべての男女が、僅かな労力で、愉快に着実に学問を教えられ、徳を磨かれ、信仰に厚くなることができると述べた。以下、その技法を概観する。

3章　ルネサンス・宗教改革・科学革命から近代教育思想へ

　コメニウスの技法は、ほぼラトケの教授原則をそのまま踏襲している。
・子どもの興味・関心を重視せよ。体罰などによって強制的に教えてはならない。
・子どもの年齢と能力から言って可能であるものだけを教えよ。
・教材は具体的なものから抽象的なものへ。感覚的なものから思考的なものへ。
・法則よりも実例を先にせよ。
・無意味な言葉を多く知るのではなく事物そのものの知識を。
・すべてを感覚および理性の実証によって教えよ。
・まず母国語で知識を先に教え、それから古典語に進めよ。

　これら感覚的直観を重視し、自然の法則に従って行なわれる教授法を彼は「自然的教授法」(naturalis methodus) と呼んだ。

　『大教授学』では、あらゆる人が学べる学校として統一学校構想が述べられている。6歳ぐらいまでの乳幼児を対象とする「母親学校」(schola materna)、6〜12歳頃の児童期を対象とする「国語学校」(schola vernacula)、12〜18歳頃の少年期を対象とする「ラテン語学校」(schola latina)、18〜24歳頃の青年期を対象とする大学（academia）である。

　母親学校では言語や感覚の訓練が行なわれる。国語学校では母国語で宗教、歴史、算数、地理、工作技術などが『世界図絵』などを用いて教授され、読み書きや記憶力などの内的感覚が訓練される。ラテン語学校では『遊戯学校』などを用いて、聖書、文法、自然学、数学、倫理学、弁証法、修辞学などが教えられ、認識能力や判断力などが訓練される。大学では神学、医学、法学、哲学などが教えられ、社会の指導者が育成される。

　あらゆる人にあらゆる事を教えることによって、平和なユートピアの実現を求めた彼の思想は、近代教育思想に多大な影響を与えていった。

【引用・参考文献】
†1　Marie-Louise Plessen u. Peter von Zahn. 1979. *Zwe Jahrtausende Kindheit;* Verlagsgessellscaft Schulfernsehen.
†2　梅根　悟・他　1959　西洋教育史　お茶の水書房

Horst Schiffler u.Rolf Winkeler. 1994. *Tausend Jahre Schule, eine Kulturgeschichte des Lernens in*

Bildern, Belser Verlag

長谷川輝夫・他　1997　世界の歴史－ヨーロッパ近世の開花－　中央公論社
江藤恭二　1980　ドイツのこころ　講談社
江藤恭二　1984　世界こどもの歴史－絶対主義・啓蒙主義時代－　第一法規
岩崎次男・他　1987　西洋教育思想史　明治図書
コメニウス、鈴木秀勇訳　1979　大教授学　明治図書
トマス・モア　平井正穂訳　1957　ユートピア　岩波書店

【図表・出典】
★図3-1、3-3　Horst Schiffler u.Rolf Winkeler 1994 *Tausend Jahre Schule, eine Kulturgeschichte des Lernens in Bildern,* Belser Verlag.
★図3-2　筆者撮影
★図3-4　Robert Alt 1987 *Paedagogische Werke Bd.*2. Volk und Wissen Berlin.
★図3-5　J. A. Comenius 1658 *Orbis Pictus.*

2部

近現代ヨーロッパ大陸における教育の歴史

4章 18世紀の教育と近代教育思想の形成

章のねらい 本章では、18世紀のフランスで活躍したルソーとコンドルセの教育思想を通して近代教育の重要な概念について学習する。第一にルソーの『エミール』を通して、大人とは異なった存在としての子どもへの認識、合自然の教育、発達段階に応じた教育などについて検討する。第二に「近代公教育の父」と呼ばれるコンドルセの教育論を通して、公教育の原理について検討する。

1 ルソー

(1) ルソーの生涯

ルソー (Jean-Jacques Rousseau、1712-1778) は1712年6月28日にジュネーブの時計職人の家庭に生まれた。母は誕生とともに亡くなり、10歳のときに父とも生き別れになった。12歳で彫金細工の徒弟になるも3年でやめ、17歳でジュネーブから出た。その後は、ヴァランス夫人の保護下で学習したり、マブリ家の家庭教師を務めたりして1742年にパリに出た。パリでは啓蒙主義者たちとの親交をもつ機会に恵まれ『百科全書』の執筆にも加わった。1745年に伴侶となるテレーズと出会い、翌年に第1子が生まれたが、経済的困難から子どもを孤児院に預けた。結局ルソーは5人の子ども全員を孤児院に預けることになり、このことへの後悔の念が『エミール』の執筆につながった。

★図4-1 ルソー

1750年に学術団体の懸賞論文に当選したことを機にルソーは脚光を浴びた。懸賞論文は、学問や芸術が発展するにつれて道徳が失われて社会が堕落したことを論じたものであり、『学問芸術論』として刊行された。その後『人間不平等起源論』『新エロイーズ』などの書を著わし、50歳の1762年に『社会契約論』とともに、本節で検討する『エミール』を著わした。今日においてこそ「教育のバイブル」とみなされる『エミール』であるが、当時は出版されると教会を冒瀆した内容であることを理由に非難され、ルソーに逮捕状が出された。ルソーは逃亡を余儀なくされ、『エミール』も発禁処分となった。その後『告白』や『孤独な散歩者の夢想』などを著わし、1778年7月2日に生涯を閉じた。

(2) 『エミール』の構成

『エミール－教育について－』（Émile ou de l'éducation）では、エミールと称する少年への家庭教育を通してルソーの教育論が展開される。エミールの先生には「ジャン・ジャック」というルソー自身の名前がつけられている。『エミール』は5編からなり、各編はエミールの発達段階に対応している。第1編では総論に続いて誕生から2歳くらいまでの乳幼児期を、第2編では2歳くらいから12歳までの子ども期前期を、第3編では12歳から15歳までの子ども期後期を、第4編では15歳から20歳までの青年期前期を、第5編では20歳から22歳までの青年期後期を扱っている。第5編の最後で、エミールがソフィーという女性と結婚し、結婚後エミールの故郷に住み、2人に子どもが生まれるところで話は終わる。以下、『エミール』を通して、ルソーの教育思想を検討したい。

(3) 「子ども」の発見

ルソーは序において、「人は子どもというものを知らない。子どもについて間違った観念をもっているので、議論を進めれば進めるほど迷路に入り込む。このうえなく賢明な人々でさえ、大人が知らなければならないことに熱中して、子どもには何が学べるかを考えない。彼らは子どものうちに大人を求め、大人になる前に子どもがどういうものであるかを考えない」[†1]（22-23頁）と述べる。このように、子どもと大人の差異を認識することなく、必然的に大人と同様の

基準を子どもに当てはめてきた従来の考え方を批判し、大人とは異なった存在として子どもに目を向けるべきことを主張している。

そして第2編においても、「自然は子どもが大人になる前に子どもであることを望んでいる。…子どもには特有のものの見方、考え方、感じ方がある。その代わりに私たちの流儀を押し付けることくらい無分別なことはない」[†1]（162頁）と述べ、子どもにも理性が備わっていることを前提とする教育の在り方に反論している。ルソーは、子ども特有の見方、考え方、感じ方など、子どもの固有性において子どもをとらえるべきであり、大人とは異なった働きかけが子どもには必要であると考えているのである。こうした見解ゆえに、ルソーは、「子どもの発見者」と称される。また、こうした子ども観をもつゆえに、子どもを将来大人として立派に生きることができるように現在徹底して教育するという考え方には、「不確実な未来のために現在を犠牲にする残酷な教育」[†1]（130頁）であると否定的であり、「子どもたちにとっても二度とない時代、すぐに終わってしまうあの最初の時代を、なぜ、苦く苦しいことでいっぱいにしようとするのか」[†1]（131頁）と、子どもの現在をもっと大事にすべきことを主張している。

(4) 教育の必要性と教育可能性

ルソーは、自然を善ととらえるのに対して、社会を悪に満ちたものとして否定的にとらえる世界観をもっている。それゆえルソーは、生まれたばかりの子どもは自然そのものでよいものであるが、何もせずに放っておけば社会の悪が子どもの自然を喪失させ、歪んだ人間をつくりだすと考えている。だからこそ子どもの教育が必要となる。ルソーは、子どもを若い植物に、教育を水を注ぐことに見立てており、「植物は栽培によってつくられ、人間は教育によってつくられる」[†1]（28頁）と、植物の栽培とのアナロジーを用いながら人間にとっての教育の必要性を述べている。また子どもの魂の周りに垣根をめぐらすことを母親に求めており、子どもの教育は社会から守られた家庭の中でまずは行なわれるものとされる。

ルソーは、このように教育によってつくられる人間を、教育を通して多くのことを習得しうる存在として位置づけた。彼は、人間は学ぶ能力がある者とし

て生まれ、人間の教育は誕生とともに始まるという認識をもっており、たとえ乳児であっても経験を通して学習していくと考えた。また、「生まれたときに私たちがもってなかったもので、大人になって必要となるものは、すべて教育によって与えられる」[†1]（29頁）という見解は、教育の必要性を示すとともに、生まれながらにして人間の運命は決まっているとする、中世的な人間観に代わる近代的な教育思想が体現されたものであると言えよう。

(5) 合自然の教育

自然に従って教育をすることは、『エミール』の全編を通底する重要な概念である。ルソーは合自然の教育を説明するに当たって、人間は、自然、事物、人間という3種類の先生によって教育されることを述べる。「自然の教育」とは、人間の能力と器官の内部的発展であり、「人間の教育」とは、人間の能力や器官の内部的発展をいかに利用すべきかを教えることであり、「事物の教育」とは、人間を刺激する事物について人間自身の経験が獲得することである。これら3者が互いに矛盾している教育を受けた場合は調和のとれた人間にはなれないため、優れた教育のためには3者の一致が求められる。これら3者のうちで人間の力ではまったくどうすることもできないのは「自然の教育」であるため、優れた教育のためには、「人間の教育」と「事物の教育」を「自然の教育」に合わせなければならない。このようにルソーは合自然の教育を説明する。歩けるようになる前に歩き方を教えることや、話せるようになる前に話し方を教えることは、合自然の教育に反したこととなり、歩けるようになった時が歩くとき、話せるようになったときが話すとき、というのがルソーの考えである。また、人間が大人なる前に子どもであることも自然なことであり、この大人と子どもの順序を無視すると、「成熟してもいない、味わいもない、そしてすぐに腐ってしまう速成の果実を結ばせることになる」[†1]（162頁）とルソーは主張している。

(6) 一般的な人間の教育

ルソーは、「自然の秩序のもとでは、人間は皆平等であって、その共通の天職は人間であることだ。…私の生徒を、将来、軍人にしようと、僧侶にしよう

と、法律家にしようと、それは私にはどうでもいいことだ。両親の身分にふさわしいことをする前に、人間としての生活をするように自然は命じている」[†1]（38頁）と述べている。このように、自然の秩序のもとでは人間は平等であり、何らかの特定の身分や職業である前にまずは人間なのである。そのため、特定の職業に就くための、ないしは特定の身分を想定した教育ではなく、「抽象的な人間、人生のあらゆる事件にさらされた人間」[†1]（39頁）である一般的な人間の教育が求められる。エミールはまさに親の身分や職業に縛られていない一般的な人間（ただし正確には「男性」であるが）であり、一般的な人間の教育という考え方は、近代教育思想を特徴づけるものであった。

(7) 言葉ではなく行動や実物や体験を通した学習

『エミール』の中で示された、子ども期前期における具体的な教育に「メロンとソラマメの話」がある。エミールがある土地にソラマメを植えて毎日水をまいて熱心に育てるが、ある日全部引っこ抜かれている光景を目にする。ソラマメを引っこ抜いたのはロベールであった。エミールがソラマメを植えた土地はロベールの土地であり、ロベールがもともとメロンを育てていたことを、彼との対話を通して知り、所有の観念を学習するというものである。実践すると一年はかかるこの教育を通して、道徳的な教訓は、言葉によってではなく行動によって示されなければならないことを述べた。

子ども期後期においてエミールは知的学習を始めるようになるが、その際にも言葉を通してではなく、実物や体験を通した学習が展開される。「実物！　実物！　私たちは言葉に力を与えすぎている、ということを私はいくら繰り返しても決して十分だとは思わない」[†1]（409頁）とルソーは述べている。例えば天文学の学習に際して、地球儀や天球儀といった代用品を用いるのではなく、はじめに対象そのものを示すことの必要性を述べ、エミールと先生が太陽の沈む様と昇る様を一緒に見に行く場面を描いている。また、エミールが先生と散歩に行って方向がよくわからなくなって迷子になったときに、影の方向から方角を割り出し、無事に帰ることができたという体験的な学習も描かれている。

(8) 消極教育

「消極教育」とは、『エミール』を象徴する教育論であり、直接的には子ども期前期の中で述べられている。「消極教育」とは、「美徳や真理を教えることではなく、心を不徳から、精神を誤謬から守ってやる」[†1]（171頁）教育である。12歳までは肉体や感覚器官を訓練させる時期であって積極的に知識や道徳を身につける時期ではないため、不徳や誤謬から守ることこそが最も重要な教育課題なのである。「消極教育」の考え方は、ルソーが人間の発達段階を深く洞察していたからこそ出てきたものであると言えよう。「はじめは何もしないことによって、あなたがたは素晴らしい教育を施したことになるだろう」[†1]（172頁）という言葉は、「消極教育」の性格を端的に述べたものである。そして「消極教育」は、知識や技能を意図的に教え込むのではなく子どもの内発的な力を重視する教育の源流となる考え方であり、後世の教育思想家たちに特に大きな影響を与えた。

(9) 発達段階に応じた教育

「合自然の教育」や「消極教育」などとも関連するが、ルソーは人間の発達段階を鋭く認識し、そして発達段階に応じた教育を提唱した。乳幼児期と子ども期には他の存在との物理的な関連において自分を考察すること、青年期前期には他の人間との道徳的な関連において自分を考察すること、そして青年期後期は同じ市民との社会的な関連において自分を考察することを課題とし、発達段階に応じた課題を明確に位置づけている。

ルソーは乳幼児も教育を受ける存在とみているが、この時期は記憶力や創造力が十分に働かないため、身体や感覚器官を通して学んでいくことを特徴とする。子ども期前期は感覚を鍛える時期であり、まだ理性に働きかける時期ではないため、発達段階に先んじた知的教育が徹底して回避されている。子ども期後期は、欲望と比較して力が急速に伸びてくる時期であり、前期に比して強さが現われるととらえている。この時期もまだゆっくりとした教育が展開されるが、天文学や地理学などの知的学習、職業を通した学習、判断力の育成などの新たな学習や学習課題が展開される。

ルソーにとって青年期は大きな転換点である。青年期の教育を始めるに当た

って、「私たちは、いわば、二回この世に生まれる。一回目は存在するために、二回目は生きるために」†2（5頁）と述べており、青年期を「第二の誕生」ととらえている。青年期とは、いかに生きるべきか知らない子ども期までとは異なった新しい時代なのである。「気分の変化、たびたびの興奮、絶え間ない精神の動揺が子どもをほとんど手に負えなくする」†2（6頁）といった表現は子ども期から青年期への変化をよく表わしており、青年はそれまでとは異なって指導されることを欲しなくなってくる。このように、青年期の特徴を示したルソーは「青年の発見者」でもある。子ども期までは「消極教育」に典型的に見られるように学習はゆっくりと展開されてきたが、理性が現われ始める青年期以降は一転していわば積極的な教育がなされる。読書が始まるのもこの時期であり（『ロビンソン・クルーソー』だけは判断力の育成に資することから子ども期後期に唯一推奨された）、少年期までは避けられてきた抽象的な事柄を扱う学習も青年期からは開始される。それゆえに道徳や宗教が主な課題となり、自然の秩序に従うと「最初に人の心を動かす相対的な感情である」†2（37頁）哀れみの感情などの育成を通して、人間は感覚的な存在から社会的な存在になっていく。そして第4編の中盤を占め、独立した論文の性格ももっている「サヴォアの叙任司祭の信仰告白」では、「自然宗教」などのルソーの宗教論が語られる。最後の青年期後期は、国家を構成する市民としての義務や責任を学ぶことが求められる時期に当たり、その目的のためにエミールは外国へと旅行して国家制度や国民についての見分を広めていった。

(10) 女子教育

ルソーは、第5編で、エミールの教育から一旦(いったん)離れ、ソフィーに代表させる形で女子教育について論じている。ルソーはそもそも、「男性の値打ちはその力にある。男性は強いということだけで十分に気に入られる」†3（8頁）とする一方で、「女性の力はその魅力にある」†3（8頁）としており、女性と男性とを同等にとらえていない。そして、「男性と女性とは、性格においても、体質においても、同じようにつくられてはいないし、同じようにつくられるべきでもないということが証明されれば、男性と女性とは同じ教育を受けるべきではないということになる」†3（20頁）と、女子と男子の教育は異なるものと考え

ている。そもそも、エミールの教育から分けて女子教育を論じている構造自体がそのことを裏づけている。この点は批判的に検討することができよう。

2 コンドルセ

(1) 数学者コンドルセ

　コンドルセ（Marie Jean Antoine Nicolas de Caritat, marquis de Condorcet, 1743-1794）は、1743年9月17日に北フランス、ピカルディのリブモンの軍人の家に生まれた。幼くして父を亡くし、叔父のもとなどで教育を受けた。15歳でコレージュ・ド・ナヴァルに入学すると、コンドルセは特に数学の才能を発揮し、在学中にダランベール（Jean Le Rond d'Alembert, 1717-1783）によってその才能が見込まれた。卒業後は数学者の道を志し、1765年に『積分論』を著わしたのを皮切りに、『三体問題論』や『解析論』など次々と著作を発表した。こうした業績を受けて、1769年にダランベールらの推薦で26歳の若さで科学アカデミー会員になり、1773年には科学アカデミーの終身幹事にも就任した。1774年にルイ16世が即位すると、テュルゴー（Anne Robert Jacques Turgot, 1727-1781）が財務総監に就任し、彼のもとで造幣総監を務めた。テュルゴーの自由貿易主義に基づく経済政策を推進し、数学上の実績に裏づけられた経済学者としての素質を発揮した。1782年には再度ダランベールの推薦を受け、アカデミー・フランセーズの会員に就任した。このようにコンドルセは、学界や政界において華々しく歩んできたと言える。こうした過程を辿る中、コンドルセの関心は、純粋な数学から、数学や自然科学を社会科学に適用することに比重を移していき、社会改革への意志をもつようになった。

★図4-2　コンドルセ

(2) フランス革命へのかかわり

　1789年にフランス革命が勃発すると、コンドルセはこれに深く関わった。彼は1791年に、政治雑誌『公人叢書』に、「公教育の本質と目的」「青少年の普通教育について」「成人の普通教育について」「職業教育論」「科学教育論」という5つの論文を発表した。これらは「公教育に関する5つの覚書」と総称され、これらの論文を通して自らの公教育に関する見解を示した。同年9月に立法議会の議員に選出されたコンドルセは、10月に招集された議会において公教育委員会の委員長に選出された。ちなみに公教育委員会は、立憲議会や国民公会でも設置されており、フランス革命期に公教育が重要な案件であったことを示すものである。公教育委員会での審議を経て、1792年の4月20日～21日に、「公教育の全般的組織についての報告と法案」（以下「コンドルセ案」と記す）を議会で報告した。しかしながら、報告と同日の21日にオーストリアに対する宣戦布告がなされ、より喫緊の課題である対外戦争の前にコンドルセ案は後回しにされ、結局審議されずに終わった。

　ヨーロッパで公教育が成立する数十年前ではあるが、フランス革命期にはコンドルセだけでなく多くの人々が公教育を提唱し、フランス革命期の議会では重要な案件であった。その理由として、絶対王政と公教育とは本来理念的に合致しないものであるため、絶対王政時代の「公教育」とは実現不可能な抽象論に過ぎなかったが、フランス革命の結果、真の意味で公教育を実現することのできる国家が成立したことがあげられる。ルソーは『エミール』で、今日において公教育は存在しえないという理由から家庭教育を論じたのだが、それから30年も経たないうちに、公教育を実現しうる社会が到来したのである。

　以下、「公教育に関する5つの覚書」の第1論文「公教育の本質と目的」と、「コンドルセ案」にしたがいながらコンドルセの公教育論について検討したい。

(3) 平等を実質化するものとしての公教育

コンドルセが挙げる最も重要な公教育の原理は、「公教育は国民に対する社会の義務である」[†4]（9頁）というものである。このようにコンドルセが考えた理由は、いかに法律で権利の平等を謳っても、教育に格差があり権利を行使するための十分な知識をもっていなければ、その平等は有名無実なものになってしまうからである。「コンドルセ案」でも「自然から受け取った才能を完全に開花させ、そのことによって市民間の事実上の平等を確立し、法によって認められた政治的平等を現実のものにする方策を保証すること」[†5]（11頁）という教育の目的を掲げている。教育の不平等を専制の主要な源泉と考えるコンドルセにとって、公教育の最も主要な目的は実質的な平等の確立であり、そして知識がないことから他の人に従属しなければならなくなるような状況をなくすことにあった。コンドルセは、教育の有無は知識の差を生み出すだけではなく、教育を受けることを通して涵養される几帳面さや礼儀と言った道徳面での差をも生み出すと考えており、公教育の実施は道徳面での不平等の減少にもなると述べている。

(4) 科学的な真理の教授、教育の中立性、教育の独立

「公教育の本質と目的」に謳われた特徴的な公教育の原理に、「公教育は知育のみを対象とすべきである」[†4]（31頁）というものがある。ここからはまず文字通り知育のみを対象としたことを読み取れるが、これはコンドルセが学問的な裏づけをもつ科学的な真理のみを教授対象にしたということを意味しており、「知育のみ」の考え方に近代的な教育内容論の源流を見ることができる。コンドルセは、知育の中でも、従来のように哲学ではなく数学や物理学等の自然科学の教育を重視した。自身が数学者であったため、コンドルセは自然科学の学習の教育的効果を認識しており、推論や分析の能力を高めることができる点で、人文・社会科学以上に理性を育むことに適していると考えた。そして、それゆえ特に自然科学の教育に、人間のもつ偏見を取り払う役割を求めたのである。

続いて先の原理から、道徳教育や宗教教育といった徳育を公教育の対象外とすべきとしたことを指摘できる。コンドルセが徳育を対象外とした理由は、第一に、コンドルセは多様な職業に対応するために多様な教育の段階を前提とし

たのだが、知育は徳育とは異なって内容の段階づけが現実的に難しいからである。第二に、道徳教育や宗教教育は基本的には家庭に任せられるべきものであり、公教育が徳育を対象とすれば、公権力が尊重しなければならない親の権利を侵害するようになるからである。コンドルセは、望ましい家庭や親子関係を築くうえで、道徳教育と宗教教育は重要な要素であると考えた。そして第三に、公教育が徳育を対象にすることは思想信条の独立性に抵触するからである。コンドルセは、既存の特定の思想信条を公権力が公教育を通して神聖化してはならず、どのような思想信条を重視するのかは国民の手に委ねられるべきであると考え、教育の中立性を主張したのである。以上のような理由から徳育を公教育の対象外としたのであるが、「コンドルセ案」では、実際には道徳も教育の内容として位置づけられ、決して徳育全般を排除したわけではなかった。しかしながらコンドルセが認めたのは理性や科学に基盤を置いた道徳であり、特定の宗教と結び付いた道徳は決して公教育の対象とされてはならなかった。

　徳育を公教育の対象外とすべきとした重要な根拠である教育の中立性は、コンドルセ公教育論の核となるものであり、彼は、教育は政治的権力から独立しなければならないと考えた。こうした教育の独立は、コンドルセにとって、人類の権利の一部であった。「これがお前の知るべきことだ、ここでお前は止まるべきだなどと命じる権利を、いかなる公権力がもちえようか。真理のみが有用であり、誤謬はすべて害悪なのだから、どんな権力であれ、いかなる権利によっても、どこに真理があり、どこに誤謬があるかを厚かましく決定することなどできようか」[*5]（97頁）という文言は彼の考えを明確に示しており、政治的権力が「真理」を支配することによって教育が歪曲されていくことを徹底して退けたのである。このような認識から、コンドルセは、利害に左右されにくく世論を最も反映しやすい議会に教育を従属させるべきと考えた。

(5) 機会均等、生涯学習、男女の平等・男女共学、無償

　「公教育の本質と目的」と「コンドルセ案」には今日の教育の重要な原理がさまざまに謳われており、以下に4点指摘する。第一に、教育を平等に全員に行き渡るように配慮することや、いかなる階層の市民にも高等な教育を受けることを拒否してはならないことなど、教育の機会均等の考え方が見られる。教

育を通して実質的な平等をめざすコンドルセにとって、教育の機会均等は不可欠の原理であった。

　第二に、学校を卒業した途端に学習者を見捨ててはいけないこと、教育はあらゆる年齢の人に及ぶべきこと、そしてどんな年齢であっても学ぶことは有益であり学ぶことができることなど、生涯学習の考え方が見られる。「コンドルセ案」では、学校が、一般市民を対象として日曜日に公開講座を開くことを定めており、コンドルセは学校教育を、子どもや若者だけを対象にしたものとは考えなかった。

　第三に、真理に性差はないため、真理を対象とする教育にも性差はなく、男女が学習する内容は同一であるという男女平等の教育の考え方が見られる。ただし、子どもの教育のために女子教育が必要である、ないしは、女性にも知識があれば男性の知識の維持につながるといったように、男性や子どものための女子教育といった側面が見られる。しかしながら、女子にも男子と同等の権利があることをコンドルセは認めており、このことが男女平等の教育の根幹にあると言えよう。また、男女共学は道徳的に問題であるどころかむしろ有益であることなどを指摘し、男女共学を主張している。

　第四に、初等教育に限らずすべての段階の教育を無償にしたことが注目される。その理由として、裕福ではない家庭環境の子どもでも学習できるようにすることはもちろん、学校間での教育格差を生じないようにすることや、金額を気にせずに生徒が多様な勉強をできるようにすることなどの理由も示されている。

(6) 「コンドルセ案」における学校体系

　以上のコンドルセの教育論を踏まえて、「コンドルセ案」における学校体系について検討したい。コンドルセは教育機関に5つの段階を設けた。第1段階は、すべての国民に必須の知識が教えられる「初等学校」である。教育機関の中で唯一全国民が就学することを想定したが、親の教育権を侵害しないように就学義務は課していない。教育の機会均等を守るために、最低400人の住民が住んでいれば、当該集落に1校設置され1人の教師が配置される。具体的な教育内容は、読み書き、四則演算、土地や建物の測定法、地理、道徳などである。

第2段階は、社会で職業を営むために必要な知識や、特に専門的知識を必要としない公職に必要な知識などが教えられる「中等学校」である。各地区の首府と人口4,000人以上の都市に設置される。中等学校では、数学、博物誌、化学、道徳と社会科学、商業などが教育の基本をなす。

　第3段階は、すべての公職に必要な知識や、研究に必要な内容などが教えられる「アンスティテュ」（学院）であり、各県1校を含む計110校が設置される。アンスティテュは、「数学・物理」「精神・政治科学」「諸科学の技術への応用」（医学・農学・工学など）「文芸・美術」の4部門から構成され、各部門はさらに複数の分野に分かれて、分野ごとに教授1名が置かれる。こうした部門構成は、以下の「リセ」と「国立学術院」も同様であり、逆に言えば国立学術院によって、リセとアンスティテュは教育区分を規定されているのである。初等学校からアンスティテュまでは、毎週日曜日に一般市民を対象とした公開講座の開講が定められており、公開講座を通して、学校で学んだ知識の忘却を防ぐこと、改正法など最新の知識を得ること、自学の方法を身に付けることなどが期待された。

　第4段階は、科学や技術に関する高度な専門的教育を行なうことを目的とする「リセ」であり、個人の教育を目的とした教育機関としては最高段階である。リセは全国で9校設置され、1つのリセに39人の教授が置かれる。設置場所として、自由と平等の理念の普及や、外国人への門戸開放という理由から、国境近くの都市が積極的に選定された。

　最終の第5段階が、知識人や学者で構成される「国立学術院」で、パリに設置される。国立学術院は、社会全体の教育を担う教育機関であると同時に、科学、学問、技術の発展に尽くし知識の総量を増大させることを任務とする研究機関である。国立学術院は、研究成果に基づきながら学校での教育内容を選定する権利を有しており、自然科学を中心とした科学的真理の教育を重視するコンドルセの公教育構想を体現する役割をもっている。そして監督機関として、リセ以下の教育機関の監督や指導を行なう。教育の中立性の観点から、教育は議会に従属するのであるが、実際に教育を管轄するのはこの国立学術院となる。国立学術院は合計418名の会員で構成され、各部門ともにパリ在住者と地方在住者の会員数が均等になるように配慮された。また各部門ともに外国人の所属

が想定された。

(7) 「コンドルセ案」提出後のコンドルセ

　1792年10月に招集された国民公会においてもコンドルセは公教育委員会の委員長に選出された。当初は「コンドルセ案」に従って審議がなされるも、知育中心の立場や国立学術院の存在が批判され、次第に影響力を失っていった。「コンドルセ案」に代わって1792年12月に議会で報告されたロム（Charles Gilbert Romme、1750－1795）の公教育案は、それを裏づけるように知育と並んで徳育をも重要な公教育の対象とした。フランス革命期の公教育案は相対的に徳育重視の方向へと向かっていったのであるが、その背景として王権の停止やルイ16世の裁判・処刑に伴い、国民統合のためのイデオロギーが早急に必要であったことがあげられる。

　1793年6月に、急進共和派のジャコバン派が穏健共和派のジロンド派を追放して独裁政治を開始し、コンドルセが属するジロンド派は議会を追われることになった。コンドルセは、この不当な実力行使を非難したことや、ジャコバン派がまとめた憲法を批判したことなどによって死刑宣告を受けた。その結果、彼は逃亡生活を余儀なくされた。この逃亡中に執筆したものが、『人間精神進歩史』である。この中で彼は、進歩史観に基づいてこれまでの世界史を9期に分けて論じた。そのうえで、知識、自由、道徳が進歩し、自然権が尊重されるような、将来訪れるであろう第10期を、希望を込めて描いた。公教育を人類の進歩に寄与するものとして位置づけたコンドルセにとって、人間の進歩について考察することは、最後まで追求されるべき課題であった。コンドルセは1794年3月28日にパリ郊外で逮捕され、翌日自殺をした。フランス革命期に最も卓越した公教育案をまとめながらも、時代に翻弄されてコンドルセは最期を迎えることになった。

【引用文献】
†1　ルソー著、今野一雄訳　2007　エミール（上）〔改版〕　岩波書店
†2　ルソー著、今野一雄訳　2007　エミール（中）〔改版〕　岩波書店
†3　ルソー著、今野一雄訳　2007　エミール（下）〔改版〕　岩波書店
†4　コンドルセ著、松島鈞訳／タレイラン他著、志村鏡一郎訳　1973　公教育の原理／フランス革命期の

教育改革構想　明治図書
†5　コンドルセ他著、阪上　孝編訳　2002　フランス革命期の公教育論　岩波書店
（表現や漢字の表記につきまして本文に照らし合わせて適宜変えています）

【主要参考文献】（引用文献は省略）
コンドルセ著、渡邉　誠訳　1951　人間精神進歩史（第1部、第2部）　岩波書店
福田歓一　1986　ルソー　講談社
林　信弘　1987　「エミール」を読む－ルソー教育思想入門－　法律文化社
ルソー著、前川貞次郎訳　1968　学問芸術論　岩波書店
田辺寿利　1982　コンドルセとコント　未来社
戸部松実　2007　「エミール」談論　国書刊行会
吉田正晴　1977　フランス公教育政策の源流　風間書房

【図表・出典】
★図4-1　島　芳夫　1936　ルソー　弘文堂
★図4-2　J. S. Schapiro 1963 *Condorcet and the rise of liberalism.* New York.

コラム1　ペスタロッチとの出会い

　西洋教育史に限らず、歴史を学ぶことは先人の生き方を学ぶことにつながります。その人が何をめざし、何に悩み、どう生きたかを学ぶことで、今はいないその人と出会うことができます。人との出会いは、ときに生き方をも大きく左右します。もうすぐ教職生活30年になる私ですが、いまだに大学時代に出会った「人」の影響を受けていると実感することがたくさんあります。その中でもペスタロッチとの出会いは特別でした。

　彼は、貧しく虐げられていた子どもたちが、自らを有用な価値のある人間だと気づき、豊かな人生を送ることができるようにしてやりたいと願って学校を創りました。彼は言います。「太陽には太陽の輝きがあり、月には月の、そして星々には星々の明るさがある」。

　ペスタロッチは、目の前の一人ひとりの孤児を慈しみ、心に語りかけていきました。戦乱や貧困といったたびかさなる苦難にもめげることなく教育活動を実践した彼は、現実との悪戦苦闘の中で自らの教育論や教授法を編み出していったのです。そしてそのたゆみない行動のくり返しによって社会全体に、未来につながる新たな変革の流れを起こそうとしたのです。そんな彼の生き様に深く感銘を受けたことを今でも鮮明に覚えています。

　私の教師としてのモットーは「生涯現役」です。退職するまで、子どもたちのそばで教育にたずさわりたいという思いは年を重ねるごとに強くなっています。これも53歳から本格的に教育実践を始めた彼に対する憧れからくるものかもしれません。また、何かに行き詰まったとき、ペスタロッチならどうするだろうかと自問自答することもあります。そして何よりも彼のように情熱をもって教育にたずさわりたい。30年前に出会ったペスタロッチは今でも私の心の中に生きています。

山口県下関市立　豊田中小学校　久保理生

4章　18世紀の教育と近代教育思想の形成

コラム2　教育者の魂

　歴史に名を残している教育の思想は、教育実践を行なうものにとっての原点、エキスとなるものです。この部分が欠落している実践者は、単なる技巧に走るのではないでしょうか。技巧があるのに越したことはないのですが、その前提としての「教育者の魂」がやはりいると思います。私は学生時代に、西洋の教育史を学ぶことで、いろいろな教育の考え、教育思想を概観できたことはラッキーだったと思っています。自分の教育者の魂の部分が広がり、今なお、教育実践家としての私の行方の舵取りをしてくれています。

　なかでも私にもっとも影響を与えてくれたのはペスタロッチです。私はもう50歳を過ぎましたので、疲れも残ります。その時に思い出すのは、ペスタロッチが50歳を過ぎてから一念発起して教育実践に取り組みはじめたことです。「まだまだ頑張らねば！」と触発されます。今も書斎に貼っているペスタロッチの言葉があります。

　「純粋の真理感覚は狭い範囲で形作られる。そして純粋の人間の知恵は、彼に最も近い関係の知識ならびに彼に最も近い事柄を立派に処理する錬成された能力の確固たる基礎の上に立っている」。

　この言葉は、私が教育実践をする時の基礎的な視点です。運動会や学習発表会などの華やかな場で活躍することも大切ですが、それ以上に大切なことは、日々の地道な努力の姿。机の中をきちんと整頓する。提出物の期限を守る。宿題を毎日やりきる。友達にやさしい言葉をかけられる。ノートを丁寧に整理する。

　このようなことは目立ちませんが、一方このようなことこそ大切で、このような地道な取り組みの中で、高貴な人格や確かな学力が育まれていくものだと思います。それを教えてくれたのは、先ほどのペスタロッチの言葉です。25歳頃、このペスタロッチの言葉をこころに銘記しようと壁に貼ってから、25年以上もずっと目に見える所に貼っています。それほど大切にしている言葉なのです。

　学生時代にどのような教育思想に出合えるか、そのことは教育実践家としての一生を規定するといっても過言ではないのです。

広島県北広島町立　八重小学校　野川智毅

2部 近現代ヨーロッパ大陸における教育の歴史

5章　19世紀の教育と近代教育思想の展開

章のねらい　本章では、ペスタロッチ、ヘルバルト、フレーベルという3人のドイツ語圏の教育者を対象とする。ペスタロッチやヘルバルトの教育思想と実践は、国民教育制度が普及していくなかで学校改革に直接に結びついていき、フレーベルは世界初の幼稚園を創設するとともに、その普及に尽力した。こうした近代的な学校教育の実践に大きな影響を与えた3人の思想と実践について学習する。

1　ペスタロッチ

(1)　若き日のペスタロッチとノイホーフ

　ペスタロッチ（Johann Heinrich Pestalozzi、1746－1827）は1746年1月12日にスイスのチューリッヒに生まれた。1763年にコレギウム・カロリヌムへ入学し、当時ペスタロッチは『エミール』から影響を受け政治活動に没頭した。「愛国者団」のミュラーの逃亡幇助(ほうじょ)の罪で罰せられた「農民会話事件」によって官職への途を閉ざされたペスタロッチは農業経営を始めた。その土地には希望を込めてノイホーフ（Neuhof、新園）と名づけた。これを機にペスタロッチはアンナと結婚、翌年息子ヤーコブが誕生した。しかし農業経営は1774年に破綻した。失意のペスタロッチの支えとなったのはヤーコブであり、彼の成長に関する日記をつけ、後年『育児日記』として公刊された。例えば『育児日記』の初日には、水は山を下って上から下へ流れること教えているようすなどが描かれている。農業経営破綻後は教育へ転身し、1774年の冬頃から、ノイホーフに貧しい子どもたちを集めて学校を開校した。そこでは言葉を教えたり、農作業や布織などの仕事をさせたりし、最盛期には80人ほどの子どもが学んだが、経済的いき詰まりか

★図5-1　ペスタロッチ

ら1780年に閉鎖された。ノイホーフでの実践は、バーゼル市書記官で教育家のイーゼリン（Isaak Iselin、1728-1782）の支援により、『ノイホーフだより』として世に伝えられる機会に恵まれた。

★図5-2　ノイホーフ

(2)　文筆家ペスタロッチ

　ペスタロッチは、再度イーゼリンの助力を得て、1780年に『隠者の夕暮』を発表した。『隠者の夕暮』は、「玉座の上にあっても木の葉の屋根の蔭に住まっても同じ人間」[†1]（7頁）という書き出しで始まり、ヒューマニズムに満ちた人間観が見られる。続いて「その本質からみた人間、一体彼は何であるか」[†1]（7頁）と、人間の本質について問いかけるが、それが失われている現状への憤りを述べる。そうした状況に対して、副題である「神の親心、人間の子心。君の親心、民の子心。すべての幸福の源」[†1]（7頁）に見られるように「親心と子心」の関係が保たれている状態を求めた。またペスタロッチは、自然が体現されたものとしての家庭を重視し、「家庭の居間→職場→社会」と同心円状に広がる、家庭を中心とした「生活圏」の思想を本論文で示した。

　翌年1781年には、民衆啓蒙を狙った小説『リーンハルトとゲルトルート』

を著わした。夫リーンハルトが悪代官フンメルの罠にかかって生じた危機を打開するため妻ゲルトルートが領主アーナーにフンメルの陰謀を訴え、アーナーがフンメルを処罰するストーリーである。本書はベストセラーとなり、第4部まで発表された。1783年の『立法と嬰児殺し』では、少女による嬰児殺しを取り上げ、嬰児殺しの要因を少女の「絶望」に求め、秘密かつ無償で出産できる制度の構築を提言し、国王らの関心も引いた。1793年にはフランス革命について論じた『然りか否か』を著わし、教育による国家改造を唱えた。1797年の『人類の発展における自然の歩みに関する私の探求』では、自然状態→社会的状態→道徳的状態という人間の発展過程を描いた。

(3) シュタンツ孤児院

1798年4月に、ナポレオン戦争の中で、スイスに革命政府ヘルヴェティア共和国が成立した。それに対して反革命派の拠点シュタンツで、反革命の暴動が起き、出動した仏革命軍との間で衝突となり、多くの孤児が生まれてしまう。ペスタロッチは孤児の救済のために招聘され、1798年12月よりシュタンツ孤児院での教育活動が始まった。『シュタンツだより』の「私は彼らと共に泣き、彼らと共に笑った。…彼らは私と共におり、私は彼らと共にいた。…私はただ子どもたちだけをもっていたのである」[†2]（18頁）などという記述からは、ペスタロッチの献身的なようすが伝わってくる。1799年春には80名の子どもがいたが、仏軍が使用するという理由から1799年6月に閉鎖された。その後シュタンツでの経験を基に『シュタンツだより』を執筆した。その中では、後述する「メトーデ」の諸原理に言及されており、わずか5か月ほどの実践であったが、シュタンツは「メトーデ」への展開の出発点となったことが窺える。また道徳教育に関して、最初は道徳的情緒を喚起する段階、次に道徳的訓練を行なう段階、最後に省察して道徳的見解を養う段階という三段階の教育方法を提起したことが注目される。他にも、学校教育は家庭教育の長所に則ることや、学校を作業場とすることなどを述べた。

7月末にペスタロッチはブルクドルフへと移った。ディスリーの「小作人学校」やシューテーリーの「読み書き学校」などを経て、ヘルヴェティア共和国文相シュタッパー（Philipp Albert Stapfer、1766－1840）の尽力で10月ブルク

ドルフ城に移動し、教員養成や教育実験などを行なった。

(4) メトーデ

「メトーデ」(Die Methode)とは、ペスタロッチが考案した唯一かつ永遠の教授方法である。ペスタロッチは、ルソーのように自然の発達に委ねるだけではなく、それを援助するための心理学的な技術を構想したのである。以下、『シュタンツだより』、1800年の『メトーデ』、1801年の主著『ゲルトルート児童教育法』(『ゲルトルートはいかにしてその子を教えるか』)にしたがいながら、「メトーデ」について検討したい。

「メトーデ」の第一の柱は、合自然性である。ペスタロッチは『メトーデ』の冒頭で、「私は人間の教授を心理化しようとしている」[†2] (49頁)と述べている。従来の非心理学的な教授が偏狭さや浅薄さを生んでいると考え、人間の心理に適(かな)った教授法を提唱した。すなわち、人間の精神が発展する自然の歩みに教授の歩みを合致させるべきと考えたのである。こうした教授の具体的な原則として、非本質的な事物を本質的な事物に従属させることや、事物を類似性に従って配列することなどをあげており、「メトーデ」とは、「教授の根本原則を全面的に自然の歩みと一致させる」[†3] (87頁)ものであると指摘できる。

「メトーデ」の第二の柱は、直観を基点とする直観教授である。ペスタロッチは、「直観」を、「人間の認識の唯一の基礎」[†2] (50頁)とみなし、それゆえに「自然のそのものの直観こそが、人間的教授の真実の基礎である」[†2] (50頁)と述べた。「子どもたちが直観できる、現実の境遇と結び付いた経験として子どもたちに意識されたときに、初めて子どもたちにとって本当の教授原理たりうる」[†2] (37頁)のである。ペスタロッチは、直観できる認識の基礎となるものとして、数・形・言語の3つを据えた。すなわち、事物を認識する際に、「いくつあるか」「どんな形をしているか」「何と呼ばれているか」ということは、どんな対象であれ例外なくそれを備えており、かつこの3つは一見して目に止まり、それによって多種多様な対象を区別できるものである。「直観のＡＢＣ」と称されるこの3者を基点として間断なく教育することを通して、「曖昧な直観」から「明晰な概念」へと至ると考えた。そしてそのために『ゲルトルート児童教育法』では、四則演算などの数の教授、測定法などの形の教授、

音から単語へ進む言語の教授など、これらの3領域における教授が示された。『ゲルトルート児童教育法』では、数・形・言語といった知的陶冶のみならず、技術的陶冶や道徳的・宗教的陶冶についても取り上げられている。道徳的・宗教的陶冶では、母との関係から生じてくる愛、信頼、感謝、従順を基点に据えた。

「メトーデ」は、従来の教授方法の改善に止まるものではなく社会改革を意図したものであった。すなわち、一部の上流階級とは異なり、貧しい人々は非心理学的で無秩序な教育にさらされて十分な教育が受けられず、その結果彼らの能力がまったく育まれない現状を批判し、貧しい人々に、人間らしく生きるための道を開くことを「メトーデ」に託したのであった。

(5) イヴェルドン学園と「メトーデ」の展開

1803年のヘルヴェティア共和国の終焉に伴って、ブルクドルフ城での実践も1804年に終焉した。その後ペスタロッチは、4か月余りのミュンヘンブーフゼー滞在を経て、ベルン近郊のイヴェルドンに移った。そこで開校したイヴェルドン学園は、模範学校の総本山となり、「メトーデ」を学び教師としての力量を高めるために多くの訪問者が訪れる場所となった。

ペスタロッチは、1809年に「基礎陶冶の理念について」という講演を行ない、神によって与えられた人間の本性や諸力を自然に発達させる「基礎陶冶」（Elementarbildung）という考えを打ち出した。「メトーデ」は知的陶冶に比重があったが、次第に道徳的・宗教的陶冶の比重が増していった。

模範学校の総本山として、イヴェルドン学園は世界的な注目を浴びたが、ニーデラー（Johannes Niederer、1779－1843）とシュミット（Joseph Schmid、1786－1850）を中心とする教師同士の抗争に巻き込まれていき学園は次第に衰退した。1825年には閉鎖された。

学園の閉鎖後、1826年にペスタロッチは『白鳥の歌』を著わした。そこでは、あらゆる合自然的な教育の基本原則である「生活が陶冶する」（Das Leben bildet）という原則が示されるとともに、心情・精神・技術の諸力の調和的な発達などが示された。ペスタロッチは1827年2月17日にブルックにて亡くなった。生涯を通して民衆教育に尽力した人生であったと言える。

2 ヘルバルト

(1) ヘルバルトの生涯

　ヘルバルト（Johann Friedrich Herbart、1776－1841）は1776年5月1日にドイツのオルデンブルクに生まれた。イエナ大学を卒業後、1797年にシュタイガー家の家庭教師となり、1799年にはブルクドルフ城のペスタロッチを訪問した。ここでの出会いは大きく、その後はペスタロッチの教育学を批判的に検討する中で自らの教育学を構築していった。1802年の『ペスタロッチの近著「ゲルトルート児童教育法」について』と『ペスタロッチの直観のＡＢＣの理念』はその成果であり、「メトーデ」のさらなる体系化の必要性を述べた。同年には学位と教授資格も取得し、ゲッティンゲン大学の私講師となった。1804年に『ペスタロッチの直観のＡＢＣの理念』の再版時に付録として『教育の中心任務としての世界の美的表現について』を著わし、自らの基本構想を示した。1805年にはゲッティンゲン大学の員外教授に就任し、翌年に教育学上の主著『教育の目的から演繹された一般教育学』（Allgemeine Pädagogik aus dem Zweck der Erziehung abgeleitet, 以下『一般教育学』）を著わした。1809年にケーニヒスベルク大学教授に就任し、カントの講座を継承した。ケーニヒスベルク大学では1814年に教育学ゼミナールを開設し、理論と実践を身につけた教員養成に尽力したことが特筆される。1833年にゲッティンゲン大学に戻った後、1835年に、『一般教育学』の増補改訂である集大成の書『教育学講義綱要』を著わした。ヘルバルトが亡くなったのは1841年8月14日のことである。

　以下、『一般教育学』を中心にヘルバルトの教育学について検討したい。

★図5-3　ヘルバルト

(2) 経験に基づいた教育から教育の科学の構築へ

ヘルバルトは『一般教育学』の冒頭で、教育者はあらかじめ視野を決めず、教育という仕事に携わっている間に段々と視野を定めていくことを述べ、教育が偶然のもとで動いていることを指摘した。さらに教育の在り方に関して、教師は皆各自の経験に基づいて語ることに言及した。このように偶然に委ねられたり、経験に依拠して行なわれたりする傾向のある従来の教育に対して、ヘルバルトは科学的な視点の必要性を提起した。もちろん経験自体は重要なのであるが、自らの経験だけに拠っていたのでは、自分の仕事の結果や方法を批判できなくなるとヘルバルトは考える。ヘルバルトは科学を「眼鏡のような補助的な付属品」[†4]（17頁）ではなく「人間が自分の問題を考察するのに最も相応しい眼」[†4]（17頁）だと位置づける。そして科学的な教育学の目的として、「教育者にとってどこが大切であるべきか、ということが地図のように、あるいはできるなら、うまくつくりあげられた都市の見取図のように眼の前に置く」[†4]（18-19頁）ことをあげる。つまり『一般教育学』は、教育という営みを地図のようにわかりやすく教師に提示する「手引書」のようなものとしてとらえることができる。

このようにヘルバルト教育学の特長は、従来の経験的な「教育論」から科学的な「教育学」へと転換させたことにあり、『教育学講義綱要』では、目的については倫理学を、方法については心理学を援用することを通した、科学としての教育学の構築を一層推進した。以下において、ヘルバルトの科学的教育学の具体的構想について検討したい。

(3) 教育の目的としての「強固な道徳的品性」と「多面的均等な興味」

ヘルバルトにとって教育の目的の構築は教育学の根幹であった。ヘルバルトは、『教育の中心任務としての世界の美的表現について』では、道徳性が教育の最高かつ唯一の目的であるととらえた。それから2年後の『一般教育学』では、「道徳を尖端にすえる考察の仕方は確かに教育の主要見地であるが、しかし唯一の包括的な見地ではない」[†4]（48頁）と、道徳を唯一の目的とする立場からは転換し、「必然の目的」と「任意の目的」という2種類の教育の目的を構想した。必然の目的とは、言わばあらゆる人間に該当する最高の目的であり、

道徳性を最高の目的とした『教育の中心任務としての世界の美的表現について』を継承する形で、「強固な道徳的品性」の陶冶を必然の目的に位置づけた。一方でヘルバルトが任意の目的を設けたのは、「将来の成人」のためである。すなわち人間の志向は多様であるので、おのおのが自分の道や職業等を将来自由に選択できるように、教育の目的を単一にすることはできないと考えたのである。そのうえで任意の目的として「多面的均等な興味」の喚起を位置づけた。そしてこの目的は、次に述べる「教授」の直接的な目的となる。ヘルバルトは、「興味」の対象として、「認識」と「同情」をあげている。簡単に言えば、「認識」とは自然や事物に関するものであり、「同情」とは人間や社会に関するものである。

(4) 管理・教授・訓練

「管理」「教授」「訓練」は教育を構成する3領域である。「管理」とは、子どもに直接働きかけて、教育を受け入れるための秩序を形成することである。「管理」とは言っても「おどかし」や「監視」は有効ではなく、「管理」に際しては、間違った方向に行こうとする意志を押さえるのに役立つ「権威」と、子どもの感情の中に入って子どもと接触する手段である「愛」が有効であると考えている。「教授」とは、教材等の第三者を媒介とした陶冶であり、教師と子どもの間に共通する第三者が存在していることが他との相違である。そして、限界があり一面的になりがちな、「経験」（＝「認識」の前段階）と「交際」（＝「同情」の前段階）を拡充するものと位置づけられる。「訓練」とは、陶冶の意図をもって子どもの心情に直接的に働きかけることであり、ヘルバルトは「訓練」に教育の主要部分があると認めている。「管理」も子どもに直接働きかけるが陶冶が目的ではないため、「訓練」と「管理」は区別される。

以上の3領域に関して、「管理」だけは、「単に秩序だけを保とうとする配慮」[†4]（32頁）であるため、「本来の教育」ではないが、子どもたちの「管理」が十分でなければ「教授」や「訓練」といった精神陶冶もうまくいかないので、ヘルバルトは「管理」も教育の一領域と位置づけた。

(5) 教育的教授

　先に取り上げた「教授」は、実際には「教授」の上位の概念と言える「教育的教授」となる。「教育的教授」とは、知識や技術の習得がなされつつも究極的には人格形成をめざした教授という概念である。「教育的教授」に関して、『一般教育学』では以下のように述べられている。「私は、この際、教授のない教育などというものの存在を認めないし、また逆に、少なくともこの書物においては、教育しないいかなる教授も認めない」[†4]（19頁）。「教授のない教育」の例として、知識がない、ないしは知識の教育的な利用の仕方がわからない人が熱心に教育をすることがあげられ、そうした場合、子どもの気分を意のままに支配したり、子どもを束縛したりすると述べる。一方、「教育しない教授」を説明するために、ヘルバルトは、「ある青年が、単なる利得のために誰かある師匠からどのような技術、技量を学び得るかということは、彼がどんな色を着物に選ぶかと同様に、教育者にとってはどうでもよいことである」[†4]（19頁）という喩えを示している。つまり、「教授」によってどのような知識や技術を習得したのかということは本質的なことではなく、単なる知識や技能の習得にとどまる教授は真の「教授」ではないと考えたのである。ヘルバルトは、人間は自らの思想から諸々の感情や行動を生じさせるゆえに、「教授」は「思想界の陶冶」を目的になされるべきものであった。「教育的教授」の考え方は、「強固な道徳的品性」と「多面的均等な興味」という2つの教育の目的をつなぐものであると言えよう。

(6) 単なる描写的教授・分析的教授・総合的教授

　ヘルバルトは教授の進行方法に関して、「単なる描写的教授」、「分析的教授」、「総合的教授」の3者を位置づけた。「単なる描写的教授」とは、直接には知らない過去のことや遠い地方のことなどを、教師の巧みな話術や身振りによって、そこに現実を見ているかのように、学習内容を生き生きと呈示する教授法である。そして「分析的教授」とは、眼の前の特殊なものを分析することで普遍の領域へと高まるような教授法であり、「総合的教授」とは、諸要素を与えて、諸要素を結合することを企図するような教授法である。

(7) 四段階教授法

　ヘルバルトは教授の過程に関して、教授の四段階を区別すべきことを述べ、明瞭－連合－系統－方法という四段階教授法を提唱した。四段階教授法は、前半が「専心」、後半が「致思」の過程である。「専心」とは一定の対象に没頭することである。そうした専心同士は互いに排斥し合うのであるが、それらを統一することが「致思」の作用である。「専心」と「致思」は、それぞれ静的段階と動的段階に分けられ、それが先の四段階を構成する。第一段階の「明瞭」は、個々の対象の中に入り込んでそれを明瞭に見る段階である。第二段階の「連合」は、明瞭によって得た表象どうしを連合させる段階である。第三段階の「系統」は、連合された表象を秩序立てて系統づける段階である。第四段階の「方法」は、系統を発展させ、新しい文節を生産し、応用する段階である。このような四段階教授は、単元学習の起源としての性格を有するものである。

3　フレーベル

(1) 若き日のフレーベルとカイルハウ学園

　フレーベル（Friedrich Wilhelm August Fröbel、1782－1852）は、1782年4月21日にドイツのオーベルヴァイスバッハに生まれた。フレーベルは、1805年にフランクフルト・アム・マインの模範学校の教師になり、このときに2週間イヴェルドン学園に滞在している。翌年に模範学校を辞職し、ホルツハウゼン家の3人の子どもの家庭教師となった。家庭教師時代に2年間、再びイヴェルドン学園に3人の子どもと共に滞在し、ペスタロッチの教育法を学習するとともにその成果を3人に適用した。1811年に家庭教師を辞した後、ゲッティンゲン大学やベルリン大学での学習、ベルリン大学鉱物研究所での勤務を経て、1816年10月にグリースハイムに「一般ドイツ学園」を創設した。ここでは5人の甥を含む6人の子どもで教育を開始し、翌年学園はカイルハウに移転した

★図5-4　フレーベル

（移転後「カイルハウ学園」と称される）。カイルハウ学園には 5 歳〜18歳の子どもが在籍し、「教育施設と生産施設の統合」の理念のもと、農業や園芸などの作業や労働を奨励した。また、「カイルハウ学校案内」と称される一連の論文を通して学園の教育理念や教育実践を伝えた。

(2) 『人間の教育』

　フレーベルは、カイルハウ学園での実践をもとに1826年に『人間の教育』(Die Menschenerziehung) を公刊した。この書から 4 点のフレーベルの教育思想の特徴を抜き出したい。

　第 1 に、教育は受動的かつ追随的であるべきで、無用な命令や干渉を避けるべきことを主張した。子どもをどのようにでもつくることのできる蝋や粘土のようなものとしてとらえるべきではなく、子どもの全面的な発達のために、暴力的な干渉を避け、植物や動物に対してと同様に、自発的に成長するための空間と時間を子どもに与えるべきというのが彼の考え方である。

　第 2 に、「幼児－少年－青年－大人」と人間は連続的に発達していくという考え方を重視した。彼は、後の発達段階の人々が、前の発達段階の人々を自分たちとは完全に違っていると考えることを批判し、こうした考えが大人と子どもの間に断絶を生み出してしまうと述べる。フレーベルによれば、大人が現在大人であるのは、「彼の幼児期，少年期及び青年期の諸要求が忠実に彼によって実現せられてきた」[†5] (34頁) からなのである。こうした考えから、大人が子どもを理解すべきことを主張し、発達に先んじた教育を否定した。

　第 3 に、幼児期の発達段階の特徴を示すとともに幼児期の遊戯を重視した。フレーベルは、外界を内面へと取り入れる乳児期や少年期に対して、幼児期は自分の内面を外界へと表出する時期であるととらえる。それゆえ幼児期における表現活動は子どもの発達からみて非常に重要であり、そのうえで遊戯が、幼児の発達の最高段階であると考えた。なぜならば遊戯が、「内面的なものの自主的な表現、内面的なものそのものの表現にほかならない」[†5] (50頁) からである。そして遊戯は、単なる戯れではなく、将来の社会生活を営むうえで必要な創造性や共同性を養う重要なものであると位置づけた。

　第 4 に、万物は神によって包摂されているという万有在神論の立場に立ち、

人間の本質を神性ととらえた。そしてとりわけ大人に比べて損傷されていない子どもの神性を重視した。フレーベルは、大人を、生き生きとした生命を欠いた存在であるととらえているが、そうした大人が再び生命を取り戻すために、神性が損なわれていない子どもと一緒に生活することを述べる。このようなフレーベルの精神は、「父親よ、両親よ、我々に欠けているものを、さあ、我々の子どもたちから得よう。…子どもたちから学ぼう。…我々の子どもたちに生きよう」[†5]（84頁）という両親への呼びかけに体現されている。なお、幼稚園の原理でありスローガンとなる「さあ、我々の子どもたちに生きよう」（Kommt, laßt uns unsern Kindern leben！）という言葉の起源はこの一節に求められる。

(3) 幼児教育への関心と恩物の製作

フレーベルはカイルハウ学園を離れて1831年からスイスに滞在し、ヴァルテンゼー教育舎等で教育実践に従事した。1836年には『1836年は生命の革新を要求する』を著わした。産業化や軍国主義が家族を崩壊させている現状を批判し、再び共同体としての機能を有した家族を構築することの必要性を述べたこの論文は、幼児教育に邁進する契機となるものであった。

フレーベルは、1836年にスイスから再びドイツに戻った。翌年カイルハウ近郊のバート・ブランケンブルクに移り、そこに「幼児と青少年の作業衝動を育むための施設」を開設し、教育的玩具である「恩物」（Gabe）の本格的な考案、製造、販売を始めた。恩物は、子どものもつ形成衝動や自己活動の衝動を育むことを目的としており、また、恩物で遊んでいる子どもを観察している大人にも精神的栄養を与えるものであることを特色と

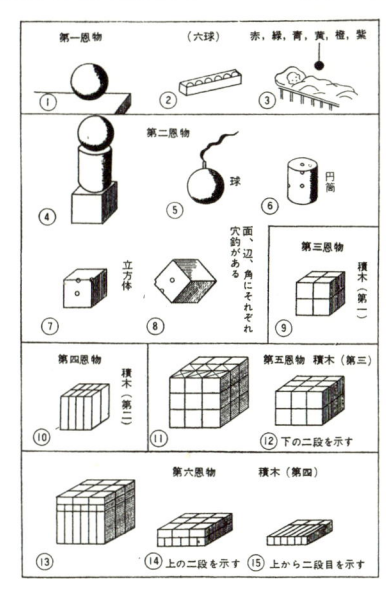

★図 5-5　恩物（第一恩物～第六恩物）

している。「恩物」という訳は、1876年に日本初の幼稚園である東京女子師範学校附属幼稚園が開校したときに、初代監事の関信三（1843－1880）が訳したことにさかのぼる。Gabeは「神からの贈り物」という意味をもつが、この意味を生かしつつ、「恩恵により仏や父母から賜った物」と考えて「恩物」と訳された。

　以下、20の恩物のうち、幼児期を主対象とした第1～6恩物についてみていきたい。第1恩物は、赤、緑、青、黄、橙、紫の6色の毛糸のボールからなる。最初の恩物を球の形にした理由は、フレーベルが球を最も完全な形とみていたからである。フレーベルは第1恩物にひもをつけて、子どもに近づけたり子どもから遠ざけたりしながら子どもの知覚を発達させることを構想した。第2恩物からは積み木のようなものであり、第2恩物は、球、立方体、円柱からなる。ちなみにフレーベルの墓碑はこの第2恩物を基にして、立方体、円柱、球を積み重ねた形をしている。フレーベルによれば、この3つは基本的な形であり、特に立方体は球の純粋な対立物とされ、3者の違いを認識させることなどを構想した。第3恩物は、8つの部分立方体からなる立方体であり、第3恩物以降、「生活の形式」「美の形式」「認識の形式」という3種類の使用方法が想定されている。「生活の形式」は、椅子や井戸など日常の何かに見立てる使い方である。「美の形式」とは、幾何学的な美しい模様を作っていく使い方である。そして「認識の形式」とは、数や量の認識を形成させる使い方である。いずれの場合も歌や物語に従ってテンポよく次々と恩物を変形させていくことが求められる。第4恩物は、8つの同型の直方体で、これらを合わせると第3恩物と同じ立方体になる。第5恩物は、21個の同型の立方体、6個の大三角柱と12個の小三角柱からなり、第6恩物は、合計36個の3種類の直方体からなる。第5、第6恩物ともに、すべてを合体させると立方体になる。

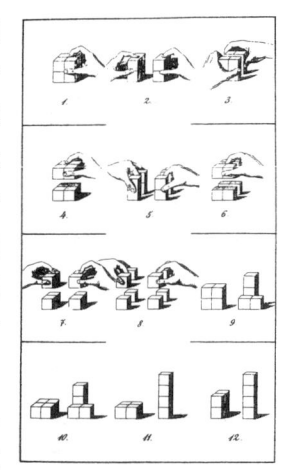

★図5-6　第三恩物（認識の形式）

5章　19世紀の教育と近代教育思想の展開

(4) 幼稚園の創設

　フレーベルは、1839年6月に、バート・ブランケンブルクに「幼児保育者養成施設」を開設し保育者の養成に当たるとともに、その附属実習施設として、6歳以下の子どもを集めた「遊びと作業の施設」を開設した。そしてその両者と「幼児と青少年の作業衝動を育むための施設」を統合する形で、1840年6

★図5-7　フレーベルの幼稚園

月28日に世界初の幼稚園「一般ドイツ幼稚園」（Der Allgemeine Deutsche Kindergarten）が創設された。

　ドイツ語のKindergartenは直訳すると「子どもの庭」となるが、「庭」という言葉には2つの意味が込められている。一つは、庭において植物が自然と調和して育てられるように、子どもたちも自然と一致して教育されるべきであるという教育思想である。もう一つは、物理的なものであり、子どもたちを庭において教育するという教育方法である。庭を重視したフレーベルは、庭を共同の部分と個人の部分に分け、全体の部分が個人の部分

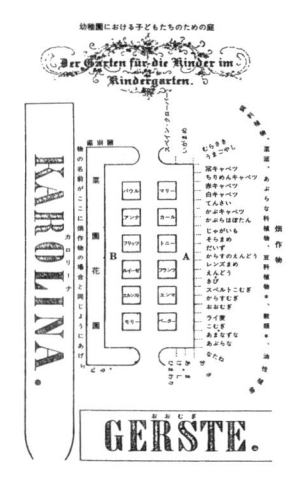

★図5-8　幼稚園における子どもたちのための庭

を取り囲むように設計することなど、いくつかの条件を示した。また、庭での栽培活動・飼育活動は教育内容の重要な要素であり、その他、幼稚園では、積み木・図画・紙細工などの室内遊び、かけっこ遊びや動物の模倣などの屋外での集団遊び、小旅行や遠足などが行なわれた。

(5) 幼稚園の拡大・廃止・復活

「一般ドイツ幼稚園」の開設後、フレーベルは幼稚園を全土に普及し、幼稚園への公的支援を求める幼稚園運動を展開した。そして幼稚園の教員としてフレーベルは女性の存在を重んじ、各地で女性教員の養成に務めていった。この点で幼稚園運動と女性解放運動とはつながりを有する。こうした運動に合わせて、1844年に、子どもの身体そのものを遊具として母と子が一緒に遊ぶ遊戯を数多く掲載した育児書である『母の歌と愛撫の歌』を著わした。

こうした中、1851年8月にプロイセン政府は幼稚園禁止令を出した。文面上、フレーベルの幼稚園が無神論的で社会主義的な実践であることを禁止理由としているが、実際にはそうした実践とは言い難いため、フレーベルと三月革命との関わりが禁止の大きな理由として考えられる。翌年の1852年6月21日にフレーベルはマリエンタールで失意のうちに亡くなった。フレーベル主義者たちの尽力で幼稚園禁止令が撤廃されたのは1860年のことであった。

【引用文献】
† 1　ペスタロッチー著、長田　新訳　1993　隠者の夕暮　シュタンツだより〔改版〕岩波書店
† 2　ペスタロッチ著、長尾十三二・福田　弘・山岸雅夫訳　1980　シュタンツ便り他　明治図書
† 3　ペスタロッチ著、長尾十三二・福田　弘訳　1976　ゲルトルート児童教育法　明治図書
† 4　ヘルバルト著、三枝孝弘訳　1960　一般教育学　明治図書
† 5　フレーベル著、岩崎次男訳　1960　人間の教育1　明治図書
　　（表現や漢字の表記につきまして本文に照らし合わせて適宜変えています）

【主要参考文献】　（引用文献は省略）
フレーベル著、岩崎次男訳　1960　人間の教育2　明治図書
フレーベル著、小原國芳・荘司雅子監修　1976〜81　フレーベル全集　第1巻〜第5巻　玉川大学出版部
福田　弘　2002　人間性尊重教育の思想と実践−ペスタロッチ研究序説−　明石書店
ヘルバルト著、是常正美訳　1968　一般教育学　玉川大学出版部
ヘルバルト著、是常正美訳　1974　教育学講義綱要　協同出版
岩崎次男　1999　フレーベル教育学の研究　玉川大学出版部

是常正美　1979　ヘルバルト教育学の研究　玉川大学出版部
森川　直　2010　近代教育学の成立　東信堂
村井　実　1986　ペスタロッチーとその時代　玉川大学出版部
長尾十三二・福田　弘　1991　ペスタロッチ　清水書院
小笠原道雄　2000　フレーベル　清水書院
乙訓　稔　2003　ペスタロッチと人権－政治思想と教育思想の連関－　東信堂
ペスタロッチー著、長田　新編　1974　ペスタロッチー全集〔第2版〕第1巻～第13巻　平凡社
三枝孝弘　1982　ヘルバルト「一般教育学」入門　明治図書
荘司雅子　1957　フレーベル　牧書店
荘司雅子　1973　フレーベル「人間教育」入門　明治図書
高久清吉　1984　ヘルバルトとその時代　玉川大学出版部

【図表・出典】
★図5-1、5-2　J. Reinhart　*Heinrich Pestalozzi*（*2.Aufl.*），Basel.
★図5-3　G. A. Hennig 1877 *Johann Friedrich Herbart. Nach seinem Leben und seiner pädagogischen Bedeutung*, Leipzig.
★図5-4、5-7　Deutsches Pädagogisches Zentralinstitut (Hg.) 1952 *Gedenkschrift zum 100. Todestag von Friedrich Fröbel am 21. Juni 1952*, Berlin.
★図5-5　荘司雅子　1957　フレーベル　牧書店
★図5-6、5-8　小原國芳・荘司雅子監修　1981　フレーベル全集第4巻、玉川大学出版部

2部 近現代ヨーロッパ大陸における教育の歴史

6章 20世紀の教育と新教育運動

> **章のねらい**　本章では、ヨーロッパの新教育運動について取り上げる。新教育運動とは、19世紀末頃から世界各国で展開された教育改革運動であり、今日においても教育の方向性を考える際に有効な示唆をもたらすものである。本章では、新教育運動について、その特徴を踏まえたうえで、ケイ、モンテッソーリ、ケルシェンシュタイナー、リーツ、オットー、ペーターゼンらを事例として学習する。

1 新教育運動の特徴とその象徴としての『児童の世紀』

(1) 新教育運動の特徴

　新教育運動とは、19世紀末頃から20世紀初頭にかけて世界各地で展開された教育改革運動であり、同時に広く社会改革をめざした運動でもある。特にヨーロッパは新教育運動が最も隆盛した地域であった。新教育運動が起こった背景として、とりわけ先進諸国において、全国民を対象とした国民教育制度が確立されるに至ったことが第一にあげられる。学校の主な課題がいかに社会で有用な人材を効率よく育成するかということになり、その結果、一斉教授による知識の一方的な詰め込みや、教師の権威のもとでの子どもの画一的な管理がなされるようになり、子どもの主体性、自由、興味・関心が軽視されるようになった。新教育運動とは、このようないわば「旧教育」の改革をめざしたものであった。

　新教育運動の実践者は多岐にわたり、必然的にその思想も多種多様であるが、新教育運動におおよそ共通する理念や新教育運動がめざした教育内容や教育方法の特徴について以下に整理する。

　新教育運動の最も特徴的な理念として、教育者によって程度の差はあるものの、「子ども中心主義」があげられる。子ども中心主義とは、文字通り、教師や教科書など子ども以外のものを中心に据える教育に代わって子どもを教育の中心に据えるという考え方である。新教育運動は、子ども中心主義の理念のもとに、教師が決められた教材を権威的に教え込む教育に対して、子どもの主体

性、自由、興味・関心を重視する教育を、子どもたちを抑圧する冷たい学校に対して子どもたちを包み込む家庭的な温かさをもつ学校をめざしたのである。

　こうした新教育運動が志向した教育の内容面での改革の主な特徴として2点あげられる。第一は、知育偏重の教育を否定し、徳育や体育ならびに芸術教育などを重視したことである。知識や技能の習得よりも人間形成こそが教育の重要な課題として据えられたのである。第二は、教科によって教育内容が細切れにされている現状に対して、教科どうしの統合や有機的連関を図ったり、教育内容を実生活とつながりのあるものにしたりというカリキュラム改革を行なったことである。このことに関連して、教科書や時間割を廃止することも新教育運動に特徴的なことであった。

　そして教育の方法面での改革の主な特徴も2点あげられる。第一は、教師の権威のもとで教科書や書物を通して受動的に教育内容を習得するのではなく、子どもたち自身の主体的な活動や体験を通して学習することを重んじたことである。そのため、学習する場所も教室内だけにとどまることなく、学校外のさまざまな場所が子どもたちの学習の場所として考えられた。第二は、従来の固定された集団一斉教授に代わり、子どもの個々のペースに応じた個別学習や、子どもの個性や能力等に応じた学習集団の編成が試みられたことである。

　このように新教育運動は、従来の「旧教育」を徹底して批判したものであったことが窺える。次に新教育運動の象徴的な存在であった、ケイと著書『児童の世紀』について検討したい。

(2) ケイと『児童の世紀』

　スウェーデンの教育者・思想家・女性解放運動家ケイ（Ellen Karolina Sofia Key、1849－1926）は、1849年12月11日に生まれ、学校教育を受けず、両親のもとで教育を受けた。彼女が1900年に著わした教育論の集大成である『児童の世紀』は、新教育運動を象徴するものであった。1900年とは19世紀最後の年であるが、ケイは『児童の世紀』を通して、来るべき20世紀は児童の世紀となることを願い、特にスウェーデンの母親に向けて期待を込めて、女性問題、子どもの問題、教育問題の改革を提案した。『児童の世紀』の題辞には「新しい世紀に新しい人間を創ろうと願うすべての親に捧げる」と書かれてい

る。当初母国ではそれほどは受け入れられなかったものの、『児童の世紀』という象徴的なタイトルの影響もあり、ドイツ語訳を皮切りに世界各国で翻訳されて広く読まれることになり、特に子ども中心主義の思想を広めるうえで大きな役割を果たした。日本でも原著の出版から6年後の1906（明治39）年には、『二十世紀は児童の世紀』という題目で、ドイツ語版の翻訳が出されている。

ケイは「児童の世紀」に二つの意味合いを込めている。一つは「大人が子どもの心を理解すること」[†1]（202頁）であり、もう一つは「子どもの心の単純性が大人によって維持されること」[†1]（202頁）であり、このような大人と子どもの関係を実現させることで古い社会が刷新されると考えた。来るべき20世紀を「児童の世紀」にしたいという願いは、多くの新教育運動の実践者の精神を代弁するものであったと言える。

★図6-1　エレン・ケイ

『児童の世紀』で展開された教育論の大きな特徴は子ども中心主義である。ケイは、本来の教育とは子どもの合自然的な内的発達を助長するために環境に配慮することであり、「子どもが他人の権利の境界を越えない限り自由に行動できる世界をつくる」[†1]（142頁）ことが教育目標であるべきだと考えた。全体を通して『児童の世紀』にはルソーからの多大な影響をみることができ、ルソーの合自然主義に言及しながら、「教育の最大の秘訣は教育をしないところに隠れている」[†1]（142頁）と主張している。

このような教育観・子ども観をもつケイにとって、現実の教育や学校は多くの問題を孕（はら）んでいる。型通りの子どもをつくるために、子どものもつ好みや望みは無視され、常に妨害、干渉、矯正にさらされているというのがケイのとらえる子どもの教育の現状であり、性悪説がいまだに信じられ、家庭や学校で子どもへの体罰が横行していることも大きな問題としてとらえている。体罰に関

してケイは、「私は、我が子をぶった人の手と知ると、握手するのにも生理的嫌悪を覚え、街頭で子どもが打擲におびえる声を聞けば、悲しみのため夜も眠れない」[†1]（167頁）と感情を込めて述べる。ケイは学校の授業に関しても、子どもたちの適性や興味が無視されて画一的な内容が詰め込まれ、しかも実のない極めて表面的で薄い知識ばかりが教えられていることに言及し、学校での教育を受けた結果、「入学のときもっていた知識欲や自発的行動力や観察能力は、修学年限が終わる頃には、普通は全く消えてしまって、しかもそれが別のものにもなっていない」[†1]（279-280頁）と学校教育を痛烈に批判している。ケイにとって現在の学校は無益であり、ない方がいいものなのである。そして幼稚園についても、幼少期から子どもたちが集団で取り扱われ、計画に従った教育がなされるため、子どもを型にはめる工場にすぎないと批判している（前章でみたように、フレーベルの幼稚園とは本来このようなものではなかったのであるが）。そして個々の子どもたちの個性は無視されて、文字通り工場のように、「１ダース」といった具合にまとめて幼稚園から小学校へ運ばれるのである。

　このような教育の現状に対して改革を訴えるが、その精神は「ノアの箱舟」の話に依拠した以下の言葉に象徴されている。「大革新とは、いまのシステムを全面的に破壊し、土台の一石も残らないようにすることである。そうだ、人々は教育分野でノアの洪水を経験しなければなるまい。…後で乾いた土地に着いたとき、人間は学校を建てずに、葡萄畑だけをつくるべきだ。葡萄畑での教師の任務は『葡萄の木を子どもの唇の高さに曲げること』である」[†1]（223頁）。「葡萄の木を子どもの唇の高さに曲げる」とは、教師の子どもに対する姿勢に端的に示した興味深い表現である。

　そしてケイは自らの批判する教育に対して積極的に改革を提案した。幼稚園は家庭教育に比べて劣るという考え方のもと家庭での教育を重視し、体罰に関しても、体罰を行なった教師に対する無条件免職を実施し、家庭および学校で笞刑を行なうことを法律で厳格に禁じるべきであると述べる。新しい未来の学校では、必修科目を制限するとともに自由選択制を重視すべきことを主張し、新しい学校の基礎となる考え方として、個人の才能がはっきりと現われている場合は早期に専門化すること、特定の科目に関する集中的な教育を実施すること、自習作業をさせること、そして実物により教授することの４点をあげた。

まさしく個々の子どもに応じた教育こそがケイの理想であった。そして評価に関しても、通知票や卒業試験を廃止し、口述とレポートでの評価を提唱した。その際も、細部の知識ではなく全般的な教養を問うことを求め、「試験官は生徒とともに、戸外で自然のなかを散策しながら、静かに自然について、人間について、過去について、現在について、彼らが何を知っているか聴聞する」[†1]（225-226頁）ことを理想の評価の在り方とした。

『児童の世紀』は2部構成になっている。これまで教育や学校について主に論じた第2部を検討してきたが、第1部では子どもの問題や女性問題について論じている。自らの意志に基づく結婚や女性参政権の確保など、女性が男性と平等になることの必要性を説いており、男女平等こそが子どもの幸福につながるとケイは考えたのである。

2 モンテッソーリ

(1) 医学と障害児教育の領域での出発

モンテッソーリ（Maria Montessori、1870-1952）は、1870年8月31日にイタリアのキエラヴァレに生まれた。彼女は、女性への高等教育の門戸が著しく制限されていた時代にローマ大学医学部に入学し、1896年に医学博士となった。大学卒業後に務めたローマ大学精神科クリニックで知的障害児と関わったことを契機に、知的障害児への教育的支援の必要性を認識した。セガン（Édouard Séguin、1812-1880）の方法を学び、知的障害児に関する研究と実践を積み、1900年には知的障害児の教員養成機関の責任者を務めた。しかし、健常児教育への関心からそこを辞して、1901年より再度ローマ大学に入学して教育学や人類学を学んだ。

★図6-2 モンテッソーリ

1904年からはローマ大学の教壇に立った。

(2) 子どもの家の開設

1907年1月6日、住宅改良事業の一環としてローマのスラム街のサン・ロレンツォ地区の協同住宅内に「子どもの家」（Casa dei bambini）が開設され、その指導者にモンテッソーリが就任した。彼女は、知的障害児分野での実践を健常児に適用する機会を得ることになったのである。

「子どもの家」とは、両親が働きに出ている家庭の子どもを両親に代わって無償で世話をする施設であるが、モンテッソーリは、「子どもの家」を、単に子どもを預かる場所としては位置づけず、家庭の中に置かれた共同体の財産としての学校として積極的にその意義を認めた。また、両親への自覚を促すべく、子どもを清潔にして登校させることや、少なくとも週に1回指導者と懇談することなどの義務が両親に課せられた。「子どもの家」の入学者は3歳から7歳の子どもであり、モンテッソーリは、特にこの時期の子どもは感覚を形成して発達させると捉えており、「敏感期」として重視した。

「子どもの家」の一日は、例えば冬季の場合、9時－10時：挨拶や身だしなみの点検、実際生活の訓練、会話の時間、10時－11時：知的訓練、11時－11時半：簡単な体操、11時半－12時：昼食，12時－13時：ゲーム、13時－14時：戸外での遊戯 清掃、14時－15時：手工、15時－16時：集団体操、歌、動植物の世話、などのように進行した。

★図6-3　モンテッソーリ

(3) モンテッソーリ教育の理論

「子どもの家」は、モンテッソーリ教育学を構築するうえで大きな役割を果

たし、1909年にモンテッソーリは、「子どもの家」での実践をもとにして、『モンテッソーリ・メソッド』を著わした。『モンテッソーリ・メソッド』は、世界各国で翻訳され、日本でも八大教育主張において自動教育論を提唱した河野清丸（1873－1942）によって1928（昭和3）年に翻訳された。

　モンテッソーリの教育学は、何よりもまずは子どもの観察から出発することであり、「子どもの家」でも子どもたちの観察を重視した。そして彼女は教育の根本原理は子どもの自由にあると考えた。ここでの自由とは、子どもが個別に自発的に発達する自由のことである。そのうえで、教育や教師の役割は、そうした子どもの自発的な発達を援助することと、そのための環境を整備することにあるととらえた。それゆえ、「子どもの家」でも、子どもに対して教師は裏方のような立場に立ち、これまでの固定された椅子や机に代えて広い八角形の可動式のテーブルを置き、子どもが快適に移動できるようにした。こうした見解からは、子どもの自由が制限された教室の中で、画一的な内容を権威的に子どもたちに教える「旧教育」への批判が窺える。

　子どもの観察、子どもの自由な活動、自発的発達の重視、環境の整備を基調とするモンテッソーリ教育の立場を示すものとして、「差し込み円柱」（「シリンダー」とも呼ばれる）という教具に関するエピソードがある。教具については後述するが、この「差し込み円柱」は、板に彫られた穴に円柱を差し込む教具であり、穴は直径や深さがさまざまであるため、それに合致するように直径や高さがさまざまな円柱を差し込むことが求められる。そのエピソードとは、モンテッソーリが子どもの観察をしていると、一人の子どもが、何度もくり返し円柱

★図6-4　幾何学的はめ込み形をするモンテッソーリと子ども

を差し込み続けているのに気づき、歌を歌って妨害しても、子どもは「差し込み円柱」の作業を継続したというものである。この事例から、教師が何も指示せずとも、興味のある対象に自発的に没頭するという子どもの性質をモンテッソーリは発見したのである。その子どもにみられた現象は「集中現象」と名づけられた。

(4) モンテッソーリ教具と感覚教育

子どもの自発的活動や環境の整備を重視するモンテッソーリ教育は、「モンテッソーリ教具」と称される一連の教具を使用することを特徴とする。モンテッソーリ教具とは、イタール（Jean Marc Gaspard Itard、1774－1838）やセガンの教具を基に考案した、子どもの興味を促す独創的な教具であり、モンテッソーリ教育において教師のような役割を果たす。

また、モンテッソーリ教育に特徴的なものが感覚教育である。彼女は、従来から行なわれている感覚の測定ではなく、感覚を組織的に教育することをめざした。感覚教育は、「敏感期」であるところの3歳～7歳児にとっては特に重要な課題であり、「モンテッソーリ教具」はとりわけ感覚教育に資することを特徴とした。

以下、感覚教育に資する教具をいくつかあげてみたい。感覚の中でも視覚の訓練に資するものとしては、使用段階順に、「差し込み円柱」「立方体の塔」「幾何学的はめ込み形」などがある。こうした使用段階があることもモンテッソーリ教具の大きな特徴である。「差し込み円柱」は先に述べたものである。「立方体の塔」（教具の色から「ピンクの塔」とも呼ばれる）は、1辺の長さが1cmから10cmまで10個の桃色に塗られた立方体からなり、大きいものから小さいものへと間違えずに積み上げていくものである。仮に乗せる順番が間違っても、それが一目でわかるため、子ども自身で容易に軌道修正できるというフィー

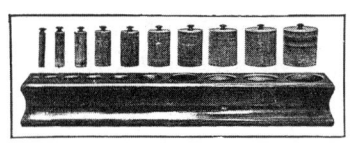

FIG. 5.—CYLINDERS DECREASING IN DIAMETER ONLY.

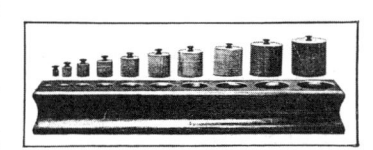

FIG. 6.—CYLINDERS DECREASING IN DIAMETER AND HEIGHT.

★図6-5 差し込み円柱

★図6-6 「立方体の塔」をする子ども

ドバックの機能を有している。そして、桃色で塗るのは子どもの注目を引くためである。「幾何学的はめ込み形」は、さまざまな形をした円・楕円、三角形、四角形などを、同じ形をしたフレームにはめていくものであり、これは、大きさの認識を対象とした前二者とは異なり形の認識を育むものである。

　触覚の訓練に資するものとしては「触覚板」がある。これは、木製の板を二分割し、片方は滑らかな紙を貼るか滑らかになるまで磨き、もう片方はサンドペーパーを貼ったもので（複数に分割し、滑らかな部分とサンドペーパーの部分を交互にしたタイプもある）、双方の触感の相違を識別するものである。また、聴覚や音の認識の訓練に資するものに「音感ベル」がある。これは13個の違う音を出す2組のベルの列からなるものであり、双方の組から同じ音を出すベルのペアを見つけ出すものである。

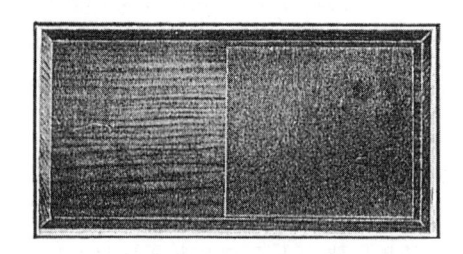

★図6-7　触覚板

★図6-8　音感ベル

モンテッソーリ教育は、こうした感覚教育を経て文字や算数の学習などの知的学習へと展開される。ただしそこでも共通するのは自己学習とそれを助ける教具の使用である。また実際生活の練習もモンテッソーリ教育の大きな課題であり、それに資する教具として、木製の枠に二片の布や皮を張り、それらをボタンや紐でくっつけたり外したりする「着衣枠」などがある。これは文字通り着衣と脱衣の練習を目的としたものである。

★図6-9 「着衣枠」の作業をする子ども

(5) モンテッソーリ教育の普及

モンテッソーリは、「子どもの家」での実践後、イタリアをはじめ世界各国でモンテッソーリ教育を行なう教員の養成に務め、モンテッソーリ教育を世界に普及した。『アンネの日記』で知られるアンネ・フランク（Annelies Marie Frank、1929－1945）もモンテッソーリ教育を受けた子どもの一人である。モンテッソーリは、1939年にインドにわたるも第二次世界大戦の影響でヨーロッパに戻れず、1946年まで7年にわたりインドに滞在した経験をもつ。その間もガンディー（Mohandas Karamchand Gandhi、1869－1948）らと交流する一方で、インドにモンテッソーリ教育を普及した。モンテッソーリは、1952年5月6日にオランダで亡くなったが、今日でもモンテッソーリ教育は世界中で実践されている。

3 ドイツの新教育運動

3節では、ヨーロッパの中でも新教育運動が特に盛んな国のひとつであったドイツの新教育運動を対象とする。多岐にわたるドイツの新教育運動の中でも、労作学校、田園教育舎、全体教授、イエナ・プランを取り上げる。

(1) 労作学校とケルシェンシュタイナー

「労作学校」（Arbeitsschule、「作業学校」「労働学校」等とも訳される）とは、子どもたちの目的をもった自主的な自己活動や作業を学習の中心に据えるという、労作の原理で組織された学校である。労作学校運動の代表的人物がケルシェンシュタイナー（Georg Kerschensteiner、1854－1932）であり、彼はミュンヘン市の視学官やミュンヘン大学教授を務めた教育学者、教育行政官である。ケルシェンシュタイナーの労作学校思想は、「われわれの書物学校は、幼児期の遊び中心の学校から連続する労作学校にならなくてはならない」[†1]（96頁）という1908年のペスタロッチ祭での言葉などに端的に示される。現実の事物ではなく事物の影を相手にする「書物学校」から、幼児期に由来する自己活動を取り入れた「労作学校」への転換を主張したのである。

★図6-10　ケルシェンシュタイナー

ケルシェンシュタイナーの視学官としての功績として、第一に、8年生を中心とした国民学校の労作学校への改革があげられる。それは、木工・金工の作業室、調理場、理科実験室などを設置して、作業・実習・実験などの時間を設けるというものであった。理論中心・座学中心の授業に対して、自己活動や作業を積極的に取り入れていった結果、これまで「落ちこぼれ」ていた子どもたちも生き生きするようになったと述べている。第二に、勤労少年たちが通う実業補習学校の改革があげられる。従来は生徒の職業とは無関係に設置され、その存在意義が曖昧になっていたが、ケルシェンシュタイナーは、製パン業者や製靴業者など職業別の補習学校の設置を推進したのである。そこでは実習室での労作を中心に据えるも、単に職業技能の習得にとどまることなく、数学や図画などの一般教科も学習した。ケルシェンシュタイナーは、補習学校改革を通して、職業陶冶を通した人間形成を実現させていったのである。

ケルシェンシュタイナーの労作学校論は、職業陶冶をもとに公民教育を重視するものでもあった。1912年の『労作学校の概念』では、公立学校の目的を

「有用な公民」の育成におき、職業的技能をつけるとともに、その職業を公的任務とみなし、さらにその職業を通して国家の発展に貢献する人間の育成を課題とした。ただしこうした労作学校の見解に対しては、労作教育は精神的陶冶を目的とすべきと主張したガウディヒ（Hugo Gaudig、1860－1923）から批判が出されたことを付け加えておきたい。

(2) 田園教育舎とリーツ

「田園教育舎」（Landerziehungsheim）とは、包括的な人格教育をめざして、都市から離れた豊かな自然環境の中に設立された寄宿制学校である。寄宿制を採用したのは、人格教育のためには教師と生徒が24時間生活を共にする必要があるという理由からである。こうした学校形態は各地に広く見られ、イギリスのレディ（Cecil Reddie、1858－1932）の「アボッツホルム校」や、フランスのドモラン（Edmond Demolins、1852－1907）の「ロッシュの学校」などが代表的である。これらの学校どうしは無関係ではなく、実際に

★図6-11　リーツ

★図6-12　ドイツ田園教育舎ハウビンダ校

「ドイツ田園教育舎」の創始者リーツ（Hermann Lietz、1868-1919）も、アボッツホルム校での教職経験を踏まえて、本国に、イルゼンブルク校（1898年）、ハウビンダ校（1901年）、ビーバーシュタイン校（1904年）などの「ドイツ田園教育舎」を設立した。

田園教育舎の理念は、その対概念と照らし合わせながら考えるとわかりやすい。「田園」は「都市」の対概念である。猥雑（わいざつ）な文化に溢れて精神的に堕落した「都市」は教育の場所として適さないと考え、生き生きとして生産的な活力に満ちた「田園」を教育に適した場所ととらえた。「教育」は「教授」の対概念である。実りのない知識を伝達するだけの「教授」ではなく、全人教育を通して人間形成を行なう「教育」をめざした。「舎」は「学校」の対概念である。「学校」を教師－生徒の関係が支配－被支配の関係にある冷たい空間であるととらえ、家庭的な温かい雰囲気で生徒を包み込むような生活共同体としての「舎」へと変えようとした。「都市」「教授」「学校」の克服こそが「田園教育舎」であった。

ドイツ田園教育舎では、午前中の知的学習、午後の身体的活動や芸術的活動、夕食後の祈りや講話などの情操教育を基本的な日課とし、周辺の豊かな自然環境は恰好の教育の場であった。また田園教育舎では、教師と生徒からなる10～12名のファミリーが形成され、これが生活の単位になった。リーツはこうした田園教育舎での経験を基に、教育内容の精選と選択履修の推進、身体的活動や作業の重視などを基調とする中等教育改革を提言した。

なお、「ドイツ田園教育舎」を起源として、多くの田園教育舎系学校が誕生した。その代表的なものとして、女性と男性が調和しながら協力することを教育上の大原則とし、寄宿制学校にあって徹底した男女共学を実践したゲヘープ（Paul Geheeb、1870-1961）の「オーデンヴァルト校」などがあげられる。

（3）　全体教授とオットー

「全体教授」（Gesamtunterricht、「合科教授」とも訳される）とはドイツの教育者オットー（Berthold Otto、1859-1933）が行なった教育実践である。オットーは1906年にベルリンの自宅を校舎として、実験学校である「家庭教師学校」を開校した。この学校は彼の名にちなんで「ベルトールト・オットー

学校」とも称される。オットーが家庭教師学校を開校した背景には、既存の学校を、長時間教室に無理矢理閉じ込めて子どもたちの自由を奪う「強制学校」であり、十分に物を覚えていないというだけで鞭打ちされる「懲罰学校」であると批判的に認識していたことがあげられる。オットーは学校を拒否して、5人の子どもを自分で教育するほどであった。

　家庭教師学校での象徴的な教育実践であり、同時に根底的な教育理念でもあるものが全体教授である。全体教授とは、教師のもとに子どもたちが円卓の形で集まり、まさに円卓討議のように、1つないし複数のテーマに関して1回1時間ほどの自由な意見交換や討論を行なうものである。テーマはさまざまで、子どもから出されることもある。全体教授は、授業展開を、事前にそれほど綿密に計画するものではなく、子どもたちの純粋な興味・関心や単純に知りたいという衝動こそが授業を展開させるという立場にある。それゆえ子どもが自分の意見や考えを自由に発言できることや、子どもの発言を決して否定しないことが重要な原則である。

　オットーが全体教授を考案した理由として、まずは、子どもの精神発達を促進するのは親子の自然な関係に求められるという考えがあげられる。オットーが全体教授の基盤としたのは食卓での家庭での対話であり、子どもが親に純粋な関心から自然に尋ねることこそが学習の根幹にあると考え、全体教授でもこうした親子関係を基盤に据えた。そもそもオットーは、子どもは就学前から自分の興味に基づいて、親との会話を通して十分にかつ直観を通して学んできているのであり、その流れを学校が遮ってはいけないという立場に立っている。

　さらに、学問の発達に伴って学校教育が教科によって分化されていることへの批判も、全体教授の考案理由としてあげられる。子どもの興味は極めて広範で、決して特定の教科に従っているわけではないため、教科の枠組みが子どもの興味の発達を阻害させることにもなりうる。それゆえ、特定の教科にとらわ

★図6-13　オットー

れない全体教授は、子どもの純粋な興味を育むという点で有効なのである。

(4) イエナ・プランとペーターゼン

「イエナ・プラン」とは、教育学者ペーターゼン（Peter Petersen、1884－1952）が、イエナ大学時代の1924年に、イエナ大学附属学校で開始した実践を起源とするイエナ・プランを取り入れた学校は、今日でも、オランダを中心に数多く存在している。

イエナ・プランの特色は、学年別に編制される従来の学級を廃止し、基幹集団に代えるところにある。基幹集団は、下級集団（1～3年生）、中級集団（4～6年生）、上級集団（6～8年生）と3学年を混合した集団であり（6年生は本人の意志でどちらかを選べた）子どもたちは、年長・年中・年少と3つの立場を体験する。ペーターゼンがイエナ・プランを構想した背景に退学の問題があった。ペーターゼンは、学年別学級編制で

★図6-14　ペーターゼン

★図6-15　イエナ大学附属学校

は、例えば勉強が苦手な子などが固定されてその子が自信を失くしてしまうなど硬直した人間関係になってしまいがちなのであるが、3学年の子どもがいると多様な立場を経験でき、かつ、特に年長の子どもは責任感や自信を涵養できると考えた。また人間形成のうえで、基幹集団は、年齢のみならず両性や多様な社会階級の子どもで形成され、多様性をもつことが望ましいとされた。

　ペーターゼンはテンニース（Ferdinand Tönnies、1855-1936）に従って、学級は、人為的で機械的な結合に基づいた「ゲゼルシャフト」であるのに対して、基幹集団は、自然な感情の絆によって成立した「ゲマインシャフト」であるととらえ、基幹集団と学級との間に本質的な差異があると考えた。基幹集団を通して温かな紐帯に基づく学校をめざしたことが窺え、実際にペーターゼンは、基幹集団の教室を「学校居間」ととらえた。すなわち冷たい空間としての教室を否定し、担任であるグループリーダーのもとで教室をデザインし、帰属意識をもつ、家庭の居間のような場所にすることを求めたのである。そして子どもの移動の自由の妨害を子どもの健康への「犯罪」ととらえ、基幹集団では、固定式の長机に変えて可動式の机や椅子を設置し、子どもの移動自由を保障した。

　このように、イエナ・プランからは、基幹集団を通した学校改革への強い姿勢を見いだすことができる。なおペーターゼンは、イエナ・プラン学校は国家によって管理される学校ではなく、教師と父母が協同して管理・運営する学校となることを求めた。

【引用文献】（引用文献は省略）
†1　ケイ著、小野寺信・小野寺百合子訳　1979　児童の世紀　冨山房
†2　ケルシェンシュタイナー著、髙橋　勝訳　1983　作業学校の理論　明治図書
　（表現や漢字の表記につきまして本文に照らし合わせて適宜変えています）

【主要参考文献】
早田由美子　2003　モンテッソーリ教育思想の形成過程－「知的生命」の援助をめぐって－　勁草書房
ケルシェンシュタイナー著、東岸克好・米山　弘訳　1983　アルバイツシューレ　玉川大学出版部
L．クレーマー著、平井　久監訳　三谷嘉明・佐藤敬子・村瀬亜里訳　1981　マリア・モンテッソーリ－子どもへの愛と生涯　新曜社
リーツ著、川瀬邦臣著訳　1985　田園教育舎の理想―ドイツ国民教育改革の指針―　明治図書
モンテッソーリ著、阿部真美子・白川蓉子訳　1974　モンテッソーリ・メソッド　明治図書

モンテッソーリ著、阿部真美子著訳　1990　自発的活動の原理―続モンテッソーリ・メソッド―　明治図書
オットー著、金子　茂著訳　1984　未来の学校　明治図書
ペーターゼン著、三枝孝弘・山崎準二著訳　1984　学校と授業の変革－小イエナ・プラン－　明治図書
ヴィネケン・ゲヘーブ著、鈴木　聡・W．ウィルヘルム著訳　1986　青年期の教育　明治図書
山名　淳　2000　ドイツ田園教育舎研究－「田園」型寄宿制学校の秩序形成－　風間書房
山崎高哉　1993　ケルシェンシュタイナー教育学の特質と意義　玉川大学出版部

【図表・出典】
★図6-1　L. Nyström-Hamilton 1913 *Ellen Key. Her life and her work*, New York.
★図6-2、6-3　E. M. Standing 1962 *Maria Montessori. Her life and work*, New York.
★図6-4、6-9　M. Montessorti, A. E. George (trans.) 1965 *The Montessori method. Scientific pedagogy as applied to child education in "The Children's Houses"*, Massachusetts.
★図6-5〜6-8　M. Montessori 1966 *Dr. Montessori's own handbook*. Massachusetts.
★図6-10　G. Kerschensteiner 1955 *Die Seele des Erziehers und das Problem der Lehrerbildung* (6. Aufl.), München.
★図6-11、6-12　H. Lietz, A. Andreesen (Hg.) 1935 *Hermann Lietz. Lebenserinnerungen* (4./5.Aufl.), Weimer.
★図6-13　E. Saupe 1929 *Deutsche Pädagogen der Neuzeit. Ein Beitrag zur Geschichte der Erziehungswissenschaft zu Beginn des 20. Jahrhunderts* (7./8.Aufl.), Osterwieck am Harz.
★図6-14、6-15　P. Petersen/E.Petersen, T. Rutt (Hg.) 1965 *Die pädagogische Tatsachenforschung*, Paderborn.

コラム3　教育実践に生きる教育思想

　教職について30年になります。思い返せばいろいろなことが浮かんできますが、こんなに長く続けてこられた源は、毎日子どもたちと向き合う中で、子どもたちからもらったエネルギーやパワーです。経験を積み重ねるにしたがって、子どもたちとの年齢差がますます開きます。その年齢差を埋めるためには、やはり若い教師にはできない何かを子どもたちに感じさせることだと思っています。

　今、担任している6年生の子どもたちは、よく「さすがベテランの先生！」と私に言ってくれます。私がこれまでの失敗から学んだことは、子どもの気持ちをまずは受け止めてやること。決して上から目線で否定しないことです。子どもとの話は、「あなたの気持ちはよくわかるよ」からはじめることです。そうして、私の言いたいことや伝えたいことを目を見て話すこと。このことは子どもとの信頼関係を作る基礎です。また、子どもを変えようと思ったら、まず自分を変えてみる。子どもは以前と随分変化しているので何十年も前のやり方では、通用しません。子どもとの人間関係づくりをすることが私たちベテランと言われる年代の教師にとても重要なことです。

　そこで思い出すのが、学生時代に卒論のテーマとした、アメリカの社会心理学者ミード（1863-1931）の理論です。かれの理論の根底にある「人間は他者との相互作用で発達していく」という考えです。教師と子どもの関係を考える時に、このことはとても重要な意味を持っていると思っています。教師からの一方的な働きかけや押しつけではなく、教師と子どもたちは、相互に働きかけることでお互いに変化し、向上していかねばならないという考えです。ミードを学んだことで、私は今も子どもたちとより良い関係を作っていくことができるのではないかと思っています。明日の授業を考える時、常に子どもたちの「わかった」という嬉しそうな顔と、キラリと光る澄んだ瞳を想い浮かべながら教材研究をしています。

福岡県春日市立　春日小学校　淵上由賀里

3部

近代イギリスにおける子どもと教育の歴史

> **3部のねらい**
>
> 3部では、イングランドを中心とする近代イギリスの教育の歴史について学ぶ。近代イギリスは、上流階級、中流階級(ミドルクラス)、労働者階級からなる階級社会であった。こうした社会のありようを反映し、19世紀末のイギリスの教育システムは、下層中流階級を境界線として、プレパラトリー・スクールから、パブリック・スクール、オックスフォード大学・ケンブリッジ大学へと続くエリートのための教育と、ほとんどが基礎学校で教育を終える民衆教育とに分断された「複線型」の教育システムであった。(図参照)

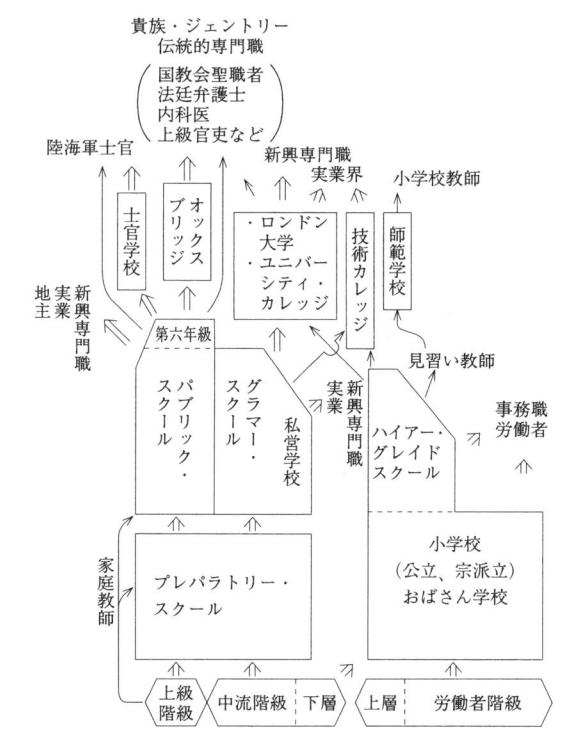

★図　19世紀末イングランドの学校体系の概略

3部 近代イギリスにおける子どもと教育の歴史

7章　子どものくらしと学び

章のねらい

「子ども」とは、いったい何歳までなのだろうか。「大人」になるとはどういうことなのか。

現代の日本で生活する私たちにとって、小学校、中学校は義務教育であり、義務ではないものの高等学校に進学することは一般化している。高等学校卒業後も、大学や専門学校に進学する人の割合は増大する一方である。そのため、成人年齢は20歳であっても、就職や結婚をして親から経済的にも精神的にも自立したと実感できるのは、それよりずっと先のことになるだろう。

本章では、今から200年以上前のイングランドの子どもたちの生活と学習について概観する。多くの民衆の子どもたちにとって、大人になるための準備は、学校へ行くことだけではなかった。大人と生活を共にし、労働することによって、子どもたちは大人になるために必要なことを身につけたのである。

1　子ども期

(1)　子どもは純真無垢、それとも罪深き存在？

18世紀の終わりごろ、子どもに対して二つの相反する態度が存在した。

一つは、人間は生来、罪深い存在であるから、子どもは放っておけばわがまま、怠惰な方へ流れていくので、大人がしつけ導かなければならないとする考え方である。もう一つは、子どもは大人が失ってしまった純真無垢な魂をもった存在で、子ども期は人生のなかで特別な時期であるとする考え方である。こうした見方はルソーらに影響を受けて広まったが、けっして社会の主流とはならなかった。

19世紀には詩や小説作品の中で、ロマンティックで理想的な子ども期が描かれた一方で、大多数の子どもたちにとっての「子ども時代」は10歳前後で終わりを告げた。子どもに対する厳しいしつけや、子どもを早くから働かせようとする背景には、「罪深き存在としての子ども」という子ども観が存在していた。一方、18世紀末から19世紀初頭には、社会で大きな影響力をもった福

音主義の活動家たちが、敬虔で正直な労働者の育成をめざして、民衆の教育に取り組むことになった。

★表7-1　19世紀初頭のイギリス社会―パトリック・カフーンの社会構成表

職業・地位	家族数	家族規模	家族の平均所得
王族	12	25人	41,750ポンド
世俗貴族	516	25	10,000
聖界貴族	48	15	5,016
ジェントリ　準男爵	861	15	3,510
ナイト・エスクワイア	11,000	10	2,000
ジェントルマン	35,000	8	800
高級官吏	3,500	7	980
下級官吏	18,000	5	300
陸軍将校（従軍医を含む）	5,000	5	200
兵卒	70,000	4	35
海軍将校	3,000	5	250
兵卒	50,000	4	42
退役軍人（ハーフ・ペイ）	2,500	5	100
廃兵（年金受領者）		4	15
中位聖職者	1,500	6	720
下位聖職者	17,500	5	200
法律家	19,000	5	400
医師	18,000	5	300
芸術家	5,000	5	280
上層自作農	7,000	5.5	275
下層自作農	210,000	5	100
借地農	280,000	5.5	120
農・鉱業労働者	742,000	4.5	45
大貿易商・大銀行家	3,500	10	2,600
中・小貿易商・銀行家	22,800	7	805
土木・建築業者	8,700	5	300
造船業者	500	6	804
船主	8,750	5	600
船員（商船・漁船）	80,000	4	45
産業資本家（製造業者）	44,000	6	804
卸商・倉庫業者	900	6	804
小売商	140,000	5	200
衣料品加工業	43,750	5	180
事務員	42,500	5	70
宿屋・パブの主人	87,500	5	100
洋傘・装飾品製造業	500	4	50
職工・労働者	1,021,974	4.5	48
行商人	1,400	4	45
大学教授など	874	4	600
学校教員	35,000	6	204
非国教徒聖職者	5,000	4	100
演劇・音楽関係者	875	4	200
精神病院経営者	70	10	500
同入院患者	―	―	40
囚人	3,500	5	30
浮浪者・売春婦など	―	―	12
被救済民	387,100	4	10
計	3,501,781（一部略）		

(2) 家族の規模と子ども数

　重商主義の時代、人口は国力の証と考えた人々は、当時の社会構成について推計を試みた。表7-1は19世紀初頭のイギリス社会について作成されたものである。産業革命時代を迎えて人口は増加傾向にあり、製造業や金融業、商業などに関わる職業に従事する人々が台頭していた。この表によると、貴族やジェントリ、大貿易商・大銀行家など富裕な人々は、10〜25人規模の大きな家族で生活し、農民や職工・労働者、小売商などの庶民は4〜6人の小規模な家族で生活していたことがわかる。イギリスでは世界的にも早く、1801年から10年ごとに国勢調査が実施された。しかし、これらの統計では、「家族」(family)と「世帯」(house hold)は、同一視されていた。そのため、血縁関係のない同じ屋根の下に暮らす同居人や奉公人が家族数の中に含まれていたと考えられる。愛情で結ばれた夫婦とその子どもから成る親密な家族、という家族像はミドルクラスを中心に近代以降生まれた。

　国勢調査によると、1870年代には、人口の70％の人々は3人から6人の中規模の世帯で生活していた。イギリスでは三世代同居はまれで、結婚と同時に親世代とは独立して新しい世帯を築く、いわゆる核家族が一般的であったとされる。しかし、1834年の改正救貧法によって、子どもと同居する老親が増え

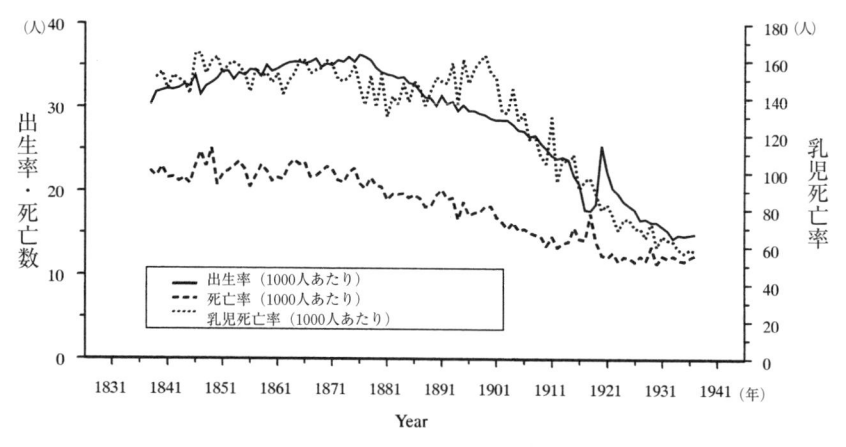

★図7-1　イングランドおよびウェールズにおける出生率・死亡率の傾向（1838-1937年）

た、あるいは工業地帯では働く母親を助けるために、むしろ祖父母との同居が増加したという説もある。

　図7-1は、1838年から1937年までのイングランドおよびウェールズにおける出生率と死亡率を示したものである。出生率は1870年代以降、低下し始めるが、乳幼児死亡率が低下しはじめた1900年代には、さらに著しく低下した。1850年代には、既婚女性のおよそ3分の1が7回の出産（死産を除く）を経験し、15％は10回以上出産したが、20世紀初頭には7回以上の出産を経験した人は5％にまで減少した。そのため、1家族あたりの子どもの数は、1870年代には5、6人であったが、1900年代には3、4人に減少した。

(3)　人口の大部分を占める子どもたち

　もちろん、生まれた子どもがすべて順調に成長したわけではなかった。栄養や衛生状態が悪く、医療も未発達であったために乳児死亡率は高く、19世紀半ばまで1000人あたり150～160人の子どもが1歳になる前に亡くなった。とはいえ、18世紀末から19世紀中葉まで、子どもは総人口のかなりの割合を占めていた。1671年には14歳以下の子どもの割合は28.5％であったが、1826年には39.6％に上昇し、1851年には35％であった。

　とりわけ貧しい家庭にとっては、多くの子どもを養っていくことは大問題であった。そのため、子どもが働けるような年齢になれば、家計の足しにするためすぐさま働かせたり、家の手伝いをさせたりしたのである。

2　工業化以前の子どもの労働

(1)　伝統的社会での子どもの労働

　イギリスで工業化が開始され、とりわけ綿工場での児童労働が本格化すると、その苛酷さが非難を浴び工場での児童労働が規制されるようになった。しかし、産業革命によってはじめて子どもが働くようになったわけではなく、それ以前にも子どもたちは日常的に働いていた。

　子どもたちにとっての主な仕事とは、男の子は農作業、女の子は家事労働であった。男の子は6、7歳になると、親の手伝いをして、森でたきぎや豚のえ

さとなるドングリを集めたり、畑で野鳥を追い払ったり、石拾いや草取りをした。女の子の場合は、家や酪農場で母親を手伝い、料理や弟妹の世話をした。

　これらの仕事は決して楽なものではなかっただろうが、大人になり、労働の世界へ入っていくための大切な準備と考えられていた。また、継続的なものではなかったので、子どもたちは仕事の合間に遊んだり、学校へ行ったりすることもできた。19世紀の中頃まで、実際には農村で子どもが定期的な賃労働に就く機会はあまり多くなかった。レース編みや麦わら編み、靴下製造などの特定の産業では、15歳以下の少女たちが賃労働に就いていた。しかし、これらの多くは家内制手工業とよばれる家族や親類が生産単位の小規模な産業であったので、少女たちは家族の監督のもとで働いていた。

(2)　徒弟制度

　子どもたちは小さなうちから大人の手伝いをすることで、将来、小作農として生きていくための仕事を、あるいは農家のおかみさんとして家族が快適に暮らしていくための家事を身につけた。

　大工や仕立て屋、鍛冶屋のような職人となるための職業技術は徒弟制度によって習得することができた。徒弟修業は1563年職人法、いわゆるエリザベス徒弟法によって19世紀初頭に衰退するまで規定されていた。徒弟は徒弟支度金を支払って、おおむね14歳ごろから、親方のもとで7年間の徒弟修業を積んだ。親方はその期間中、徒弟の親代わりとなって、職業技術を教えるだけでなく、その衣食住を保証し道徳教育や読み方の教育にも責任を負った。

　徒弟修業を必要とするものには職人だけでなく、貿易商や毛織物商、銀行家、事務弁護士などさまざまな職種があった。高い収入が見込まれるこれらの職業に参入するためには、高額の徒弟支度金が必要であり、徒弟になれるのは実業家など裕福な家庭の子弟に限られていた。

3 産業革命と子どもの労働

(1) 大量生産と工場制機械工業の成立

　イギリスでは18世紀から19世紀初頭にかけて産業革命が生じた。「産業革命」とは、蒸気力を用いた機械制大工場の発展により、経済の中心が工業へと変化し、それに伴って人々の生活全般も大きく変化したことをいう。近年では、この「革命」は1760年代から1830年代という比較的長期間にわたって、漸進的に進行したものであり、「革命」というほどの劇的な変化ではなかったという指摘もある。しかしながら、たんなる技術上の変化という観点だけでなく、新しい社会層の創出、都市型社会への転換などの社会生活のあり方や人々の価値観の変化を考慮すると、その影響は少なからぬものがあった。

　17世紀の後半から、イギリスでは新しい農法の導入や家畜の飼育方法の改善などの農業改良によって食糧事情が飛躍的に向上し、18世紀の間に人口がほぼ倍増した。増加した人口は産業革命を支える労働力と国内市場を作り出した。また、対フランス戦争に勝利し、広大な海外植民地を得たことにより、イギリスは工業製品を輸出するための世界市場を手に入れた。

　もっとも早い時期に工業化が進展したのは、綿織物の生産である。児童労働が大規模に見られたのも、綿産業であった。18世紀、イギリス人はインド産の綿布が国際的な商品として高い価値を持っていることを知り、国内で生産しようとした。年表を見てみよう。一つの技術改良が次の技術改良を促し、さら

〈年表　繊維工業における技術革新〉
1712　ニューコメン「蒸気機関排水ポンプ」を発明
1733　ジョン・ケイ「飛び杼」の改良
1764　ハーグリーブス「多軸紡績機（ジェニー紡績機）」を発明
　　　同時に複数の糸を紡ぐことが可能になる
1769　アークライト「水力紡績機」を発明
　　　細くて丈夫な糸を防ぐことが可能になる
1785　ワット「蒸気機関」の改良
　　　蒸気の圧力によるピストンによる往復運動を、機械の動力となる回転運動に変換
　　　カートライト「力織機」を発明
　　　ワットの蒸気機関を利用した織機の発明

に人間の力ではなく水力や蒸気機関という動力と結びつくことによって、綿織物の大量生産が可能になった。

初期の紡績機は水力を動力としていたので、人里離れた場所に大きな工場が建設された。従順で手先が器用、かつ安価な労働力として連れてこられたのは子どもたちであった。とりわけ、ロンドンや大都市のワークハウスから、教区徒弟として多くの幼い貧民の子どもが工場に送られた。

「世界の工場」イギリスの繁栄は児童労働の上に成り立っていた、と後に語り継がれた、悪名高い工場での児童労働の始まりである。

(2) 工場での子どもの労働―労働の質の変化

綿工場では、幼い子どもたちが6、7歳から補助的な作業に従事するため雇用された。綿織物の生産過程には、綿花から糸を紡ぐ紡績工程と糸を布に加工する織布工程があった。どちらの工程でも、体の小さな子どもたちは成人労働者の補助的作業のために欠くことのできない労働力となった。子どもは大型の機械やその周囲の清掃、材料や製品の運搬、「継糸工」として切れた糸をつなぐといった作業に従事した。工場では生産効率を上げるために、機械を動かしながら子どもたちに作業をさせたので、疲れて集中力を欠くと手や指を機械に挟まれ大けがをする危険があった。工場内は換気が不十分でつねに騒音や埃であふれており、肺や目の病気が生じた。

★図7-2　工場で働く子ども

機械の動力として蒸気機関が普及すると、工場は都市に集中するようになり、徒弟ではない自由な児童労働者が急増したが、かれらのうち、9歳から13歳くらいの子どもの賃金は週当たり4シリング6ペンスで、成人労働者の3分の1から6分の1、若年労働者（14歳〜18歳）の半分にも満たない低賃金であった。教区徒弟は労働の対価として、食べ物と衣服、住む場所を提供されたが、その待遇は工場主によってさまざまであった。飢えや虐待に苦しめられることもあれば、医療や教育が受けられる工場もあった。

とはいえ、どんなに良い条件の工場であっても、労働時間は長く、1時間の昼休みをはさんで12〜14時間労働が当たり前であった。工場の規律は厳しく、子どもたちは工場のベルによって集まり、時間によって管理され、機械の操業に合わせて労働しなければならなかった。

蒸気機関の拡がりとともに、石炭を採掘する鉱山でも多くの子どもが雇用されるようになった。炭鉱では、子どもたちは狭い坑道で石炭を乗せたかごを引っ張ったり、空気量を調節したり炭車が通過するたびに坑道の扉を開閉するトラッパーとして働いた。

★図7-3　炭鉱での労働

家業を手伝うために子どもが酷使されることは当然とみなされるのに、子どもが工場で働くことが社会問題となったのはなぜか。それは、工場制度がもたらした労働の変質にあった。子どもたちの労働の場は家庭から、見知らぬ他人が監督する工場へと変化し、機械のリズムに合わせた労働の質とスピードが要

求された。親や親族のもとでは、子どもの年齢や能力に応じて仕事の種類や量を調整することができたが、非人間的な環境である工場ではそうはいかなかったのである。また、長い労働時間は、子どもが遊んだり、学校に行ったりする時間を完全に奪ってしまった。

(3) 児童労働の全体像

19世紀のイギリスの子どもたちは、どの程度働いていたのだろうか。

表7-2は、1851年と1871年の国勢調査から作成された子どもの職業を示したものであるが、実のところ10歳未満の子どもの98％、10歳〜14歳の子どもの7割は定期的な賃金労働に従事してはいなかった。もちろん、これらの数値には不定期の仕事や、国勢調査員に職業として申告するほどではない家業、家事の手伝いや弟妹の世話などの仕事は含まれていない。また、ミドルクラス以上の階層では、14歳未満の子どもが仕事に就くことはまれで、かれらは労働者の子どもよりもずっと長い子ども期を享受していた。

児童労働の大部分は、農業と家事労働という伝統的な仕事であり、綿工場労働者の占める割合はそれほど大きくはなく、地域的にはイングランド北部に集中していた。しかしながら、とりわけ工業化の初期の段階では、綿産業全体に占める児童労働者の割合は高く、1816年には全労働者の20％が13歳未満の子どもであった。技術の進歩により、児童労働の必要性が低下したとされる1835年においても、その割合は13％程度あった。綿産業にとって児童の労働力は必須であった。児童労働は産業革命の産物とはいえないが、産業革命期に初めて子どもが経済システムの一端を担ったのである。

子どもの就業率や就業年齢は、地域、産業により多様であった。製陶業や炭鉱業、レース編み、麦わら編み、靴下編みなどの家内制手工業が盛んな地域では、児童労働の割合は高く識字率が低い傾向がみられた。レースや麦わら編みでは、できるだけ早く5歳くらいから仕事をはじめるのが一般的であった。農業では、9、10歳までに仕事を始めなければ、一人前の働き手にはなれないと考えられており、子どもたちは6、7歳から繁忙期に季節労働をはじめた。けれども、一部の例外を除けば子どもたちが定職に就くのは、労働法による規制が始まる以前から10歳以降であった。

★表7-2　年齢集団ごとの子どもの主な職業（1851年・1871年）

○5-9歳　　　　　　　　　　　　　　　　　　　　　　　　　　　　　（単位：人）

少年	1851年	1871年	少女	1851年	1871年
農業労働	5,463	3,212	麦わら編み	2,746	1,589
使い走り	2,158	255	レース編み	2,590	626
綿産業	2,072	2,589	綿産業	1,477	2,182
梳毛織物業	1,654	1,576	梳毛織物業	1,271	1,914
麦わら編み等	1,422	462	毛織物業	814	261
炭鉱業	1,209	219	靴下編み業	762	140
総年齢人口	1,050,288	1,350,819	総年齢人口	1,042,131	1,355,707
労働人口	21,483	11,511	労働人口	14,939	9,949
総年齢人口に占める児童労働者の割合	2.0%	0.9%	総年齢人口に占める児童労働者の割合	1.4%	0.7%

○10-14歳

少年	1851年	1871年	少女	1851年	1871年
農業労働	73,054	71,417	家事奉公	50,065	89,699
使い走り	38,130	36,585	綿産業	29,038	43,150
農業奉公人	25,677	21,942	梳毛織物業	10,586	12,876
綿産業	25,613	31,134	絹織物業	10,533	7,344
炭鉱業	23,038	27,502	農場奉公	10,085	1,984
その他の労働者	13,478	21,177	レース編み	8,628	5,240
靴屋	9,700	6,525	毛織物業	7,333	7,304
総年齢人口	963,995	1,220,770	総年齢人口	949,362	1,203,469
労働人口	352,599	392,241	労働人口	188,977	246,829
総年齢人口に占める児童労働者の割合	36.6%	32.1%	総年齢人口に占める児童労働者の割合	19.9%	20.5%

4 工場法による児童労働の規制と教育

(1) 工場学校

　工場制度は子どもたちの生活にさまざまな影響を及ぼした。大規模な雇用の機会を創出しただけでなく、子どもたちにそれまでは存在しなかった行動様式を求めたのである。工場制度は機械の操業に合わせ、規則に従って行動できるよう訓練された大量の児童労働力を必要とした。工場のベルに従い、時間や規

則を厳守する—工場主たちは、このような規律を内面化させるためには、学校での道徳や宗教の教育が役立つことに気がついた。

工場主のなかには、工場の敷地内に「工場学校」を作り、子どもの教育をおこなう者もいた。ロバート・オウエン（Robert Owen、1771-1858）は1816年に、スコットランドのニュー・ラナークの工場敷地内に「性格形成学院」という学校を開設した。学院には1歳から6歳までの幼児を対象とする幼児学校、初等学校、若年労働者のための夜間学校の3部門があった。オウエンは産業化がもたらした弊害を緩和するため、人間は環境によって形成されるという性格形成原理にもとづき、労働者の教育に力を注いだ。

(2) 工場法の制定

しかし、実際には朝から晩まで工場で働く子どもの大半には、学校で何かを学ぶ機会など皆無に等しかった。工場での悲惨な児童労働に対する家父長的温情主義（パターナリズム）から生まれた工場法は、児童労働に対する規制とともに、教育に関する条項を含んでいた。世界最初の労働法といわれる1802年の「教区徒弟の健康と道徳にかんする法律」は、綿・毛織物工場で働く教区徒弟に対し、夜間労働と1日12時間以上の労働の禁止や労働条件の改善を規定するとともに、徒弟期間のうち最初の4年間は読み書き算と宗教の教育を受けさせることを工場主に対し義務づけた。

1802年法が対象とする児童労働者は非常に限定的であったが、1833年の工場法では労働規制の対象者が、絹を除く繊維工場で働くすべての児童・若年労働者に拡大された。9歳未満の子どもの雇用の禁止、9歳から11歳（法律可決の3年後には13歳まで段階的に延長）未満の子どもの労働時間を1日9時間もしくは週48時間に、18歳の若年労働者の場合は一日12時間、週69時間に制限することが定められた。さらに、9歳から11歳（のちに13歳まで）未満の子どもが就労するためには、1日2時間学校に出席しその出席証明書を提出することが必要になった。また、4人の工場監督官を任命して、工場立ち入り調査権を与えたことにより、はじめて工場法の実効性が高まることとなった。こうして、工場での労働と学校での勉学を半日ずつ行なうハーフタイム制が開始され、第一次世界大戦の開始時期まで織物産業で広範に実践された。

（3） 工場法の影響

　工場法の成立により、すぐさま子どもたちの労働条件が改善され、教育が受けられるようになったわけではない。まず工場法が適用されないさまざまな産業で働く子どもが大勢存在した。工場主たちは政府による取り締まりに反感をもった。学校のない地域では校舎や教師を確保することや、子どもたちの年齢、出席を確認すること、工場を12時間以上操業するために、複雑な交代勤務制度を取り入れることは大きな負担となったからである。法律の規制を嫌って13歳未満の子どもを解雇する工場主や、わが子の年齢をごまかして働かせようとする親もいた。

　1844年工場法では、児童の労働時間はさらに短縮され、教育を受ける時間は3時間に延長された。19世紀半ばには、ハーフタイム制は貧しい労働者の子どもたちが教育を受ける貴重な機会として、また子どもの過重な労働と搾取を防止する優れた手段とみなされていた。工場主たちは子どもたちが学校に通い、読み書きや道徳の教育を受け、規律を学ぶことによって、体罰で脅すよりも生産性が上がることを認識したのである。

　このように、初期の工場法は児童労働を否定するものではなく、ハーフタイム制は児童労働を合法化するための仕組みであった。ハーフタイム制が児童労働を温存し、子どもから十分な教育の機会を奪う原因として非難されるようになったのは、フルタイムの学校教育が普及し、技術革新によって児童労働が衰退した1880年代のことであった。

　レッセ・フェールを原則とするイギリスのような国では、子どもがどのような教育を受けるか、どのような仕事に就くかというような問題は、まずもって親が決めることと考えられていた。しかしながら、子どもの労働は、決して望ましいことではなく、もっとも弱い者たちを保護するために、最低基準を規定する責任を国家がもつことが徐々に社会全体に受け入れられていった。1844年法で確立された原則は、織物産業以外の製糖業やレース編み産業、靴下産業、金属加工業など他業種にも波及したのである。

3部 近代イギリスにおける子どもと教育の歴史

コラム4　イギリスの保育と幼児教育

　イギリスにおける幼児教育史は、ロバート・オウエンが1816年にスコットランドのニュー・ラナークに創設した幼児学校に始まるとするのが通説である。オウエンの下で実際に幼児教育を担当したブキャナンが教師として招かれ、1818年にロンドンのウェストミンスター、ブルーワーズ・グリーンに設立された幼児学校がイングランドで最初の幼児学校であるとされる。

　オウエンの幼児学校では、言葉による脅しや体罰は禁止され、書物ではなく親しみやすい会話と身の回りの事物を通じた教育が行なわれた。動物の絵図や地図の使用、戸外での遊戯、歌やダンスが教育の特徴であった。

　しかしながら、イングランドで実際に普及したのはオウエンやブキャナンの幼児学校ではなく、ウィルダースピン（Samuel Wilderspin、1792－1866）の幼児学校であった。ブキャナンと知遇を得たウィルダースピンはロンドンに二番目に設立された幼児学校であるスピタルフィールズ校の教師となった。

　この学校はおもに6歳までの貧しい労働者階級の子どもを対象とし、外見的な特徴として、ギャラリー（階段教室）とよばれる大教室、レッスンポスト（可動式の掲示板）、アリスメチコン（大型算盤）などの教具、回転ブランコを備えた遊び場などがあげられる。また、国語、算数、聖書、博物、社会、音楽などの知的教育や道徳教育、体育を行なった。

　保育学校運動の創始者マクミラン（Margaret McMillan、1860－1931）は、1911年ロンドンのデッドフォードに保育学校を設立し、保育学校への公費補助を政府や議会に働きかけた。また、1923年に創立された保育学校協会の初代会長として、保育学校の普及に貢献した。

　マクミランは1894年、ブラッドフォードの学務委員会委員に当選して以来、学校給食、学校健康診断、学校医療を制度化するための運動を展開した。当時のロンドンのスラム街では、不衛生で換気の悪い家の中に、2、3人の子どもが一つのベッドで眠ることは当たり前で、浴室や吸排水設備がないため入浴の習慣がなく、半年以上も衣服を脱いだことのない子どもが存在した。マクミランは当時ヨーロッパ各地で普及しつつあった、結核予防のための野外学校運動に影響を受け、日光と新鮮な空気、よい食事がもたらす健康こそ学校教育の前提であると考えた。そして、下層労働者の子どものための夜間キャンプを開始し、幼児のための野外保育学校へと発展させていった。

　野外保育学校の一日は、温水浴、洗顔、朝食から始まる。また、伝染病を予

防し、眼病やくる病などの病気を早期に発見して障害を防ぐための医療ケアを特徴としていた。マクミランは身体的、社会的、情緒的、知的、精神的発達を助長するための「養育（nurture）」の重要性を認識し、養育と教育との統合を「保育」とした最初の人物と評価される。

5 民衆教育の進展

　1800年当時、イングランドには多種多様な教育機関が存在していた。貴族やジェントリのためのパブリック・スクール、歴史のある大都市の基金立グラマー・スクール、個人の経営する無数の学校などである。民衆のための教育は、1698年のキリスト教知識普及協会の結成以来、主として宗教団体による貧しい人々へのチャリティとして整備され始めた。キリスト教知識普及協会や非国教会系の宗派は、寄付によって賄われる無償の慈善学校を設立した。ほかにも、どんな町や村にもおばさん学校（dame school）と呼ばれる学校があり、週数ペンスで子どもを預かってくれた。1800年以降は、工業化によって生じた労働者の悲惨な生活や宗教的、道徳的危機を背景に、街頭にたむろする子どもを収容する授産学校（industrial school）、ぼろ服学校（ragged school）が作られた。これらの多様な教育機関のなかでも、18世紀末から19世紀初頭にかけて、民衆の教育機関としてもっとも普及したのは、日曜学校と助教法学校〔モニトリアル・スクール〕である。

(1) 日曜学校

　日曜学校は、地方新聞の発行人であったレイクス（Robert Raikes、1735 - 1811）が1780年にグロスターで始めたものが、またたく間にイギリス中に広まった学校である。日曜日に労働者の子どもたちを集め、無償で読み方と宗教の教育を行なった。

　表 7 - 3 に示したように、日曜学校の拡がりは目ざましいものがあった。1788年には日曜学校で学ぶ生徒は 6 万人に満たなかったが、1821年にはおよそ75万人、1851年には200万人に達したという。これは当時の人口の12.5％に達した。生徒の大部分は労働者階級の 5 歳から15歳までの子どもであったが、

成人も含まれていた。日曜学校は、子どもやその稼ぎを当てにする親にとって、週日の労働の妨げにならないうえに、慈善学校と比べてはるかに安価に多数の子どもに教育を行なうことができた。日曜学校は教会に附属していたが、実際の運営は個人によって担われており、草の根の運動として拡がっていった。

★表7-3　日曜学校数（1780-1851年）

年	学校数	国教会に所属する割合
1780-1801年	2,290	56.4%
1802-11年	4,687	48.8%
1812-21年	8,236	45.7%
1822-31年	11,910	45.0%
1832-41年	17,168	45.0%
1842-51年	23,135	45.0%

(2) 助教法学校

助教法学校（monitorial school）とは、クェーカー教徒であるランカスター（Joseph Lancaster、1778-1838）と、国教徒ベル（Andrew Bell、1753-1832）が偶然、ほぼ同時期に考案した「助教法」という教育方法を採用した週日学校である。国教会派がベル方式を、非国教会派がランカスター方式を奨励し、それぞれ「国民協会」（1811年創設）、「内外学校協会」（1814年創設）という推進母体を結成して、学校教育の普及を図った。

助教法とは、教師が生徒の中から複数の生徒を助教として選抜し、かれらに教育内容を指示して教育活動を代行させたり、教室内の秩序を維持させたりする教育方法である。この方法によれば、たった一人の教師によって数百人の生徒を一度に教えることができた。工場による大量生産方式と工場監督官を連想させるこの教育法は、時代に適合したその効率性によって爆発的に普及した。1858年には国教会系の学校がイングランド、ウェールズに約2万校（児童数200万人）、非国教会系の学校が約3000校（児童数36万人）あった。

助教法学校では、読み書き算のほかに宗教の教育が授業料を徴収して行なわれた。民衆の道徳的教化とともに、規律正しい行動を身につけさせることが教育の目的であった。助教たちは子どもたちの素行や態度をすみずみまで監視し、違反したものには厳しい体罰を与えた。しかし、身体の規律化や道徳のみを押

し付ける学校に、民衆がわざわざ授業料を払って子どもを行かせたとは思えない。おそらくそれは、助教法学校が週一日だけの日曜学校や、裁縫や糸紡ぎを教える授産学校よりもいくぶん高度な教育を行なったからであろう。算数や書き方を習得すれば、小売業の簿記係のような事務職に就くことも可能であった。

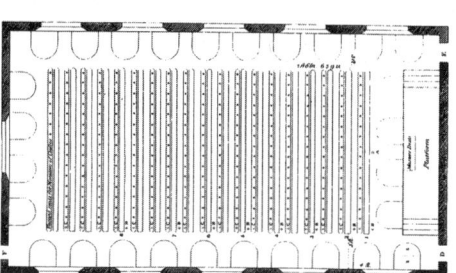

★図7-4　ランカスター・スクール

(3) 初等国民教育の成立

19世紀初頭、イギリスの教育はヴォランタリズムと自由放任の原則に委ねられていた。しかし、1833年、工場法により就労児童に対する一定の基礎教育が義務づけられるとともに、国民協会と内外学校協会の二団体を通じて、学校建設に対する国庫助成が開始された。その年の補助金はわずか2万ポンドであったが、1839年には助成や教育に関連する事務を執り行なうために、最初の中央教育行政組織である枢密院教育委員会がおかれた。

1862年には、学校建設に対する国庫助成金が急増したことから、助成金配分の原則として「出来高払い制」を取り入れた改正教育令が成立した。

1867年、イギリスは第二次選挙法改正によって、民主主義への大きな第一歩を踏み出すことになった。選挙法改正についての議論のなかでは、自助や節

約の観念を身につけた熟練工や職人からなる労働者階級上層と、そうではない労働者をどのように線引きするのかが焦点となっていた。しかし、結果的には、地方税の納入のみを要件とする、当時としてはきわめて民主的な戸主選挙権が成立したのである。

1870年に基礎教育法（Elementary Education Act）が成立したのは、この画期的な事態に対応するためといってよい。すべての国民に対する教育が必要であった。任意団体による学校設置の努力にもかかわらず、辺ぴな地域や人口が過密する大都市には、まだ十分な数の学校がなかったし、親の無関心や貧困のために学校に行っていない子どもは少なくなかった。さらに、働きもせず学校にも行かず、街頭にたむろし非行や犯罪に走る危険の高い学齢期の子どもが多数存在していたのである。

1870年教育法は、学校が存在しない地域においては、学務委員会を組織し、地方税を徴収して学校を建設し、基礎教育を行なうことを定めた。1880年教育法では就学強制が、1891年教育法では公立基礎教育の無償化が実現され、国家の国民基礎教育への関与は強化された。

一連の法整備により、これまで学校に行ったことのない、もっとも貧しい子どもたちが就学するようになった。これによって、大都市のスラムに居住する子どもの栄養失調、不衛生、病気の実態が一挙に明るみに出た。1880年代はブースやラウントリの大規模な社会調査によって、大都市スラムの「貧困」が発見され、「貧困」が怠惰・無能から生じる個人的問題ではなく、社会問題として捉えられるようになった時代であった。

朝食を食べずに学校に来る子どもたちのために無料で食事を供給する慈善団体が結成されたが、ロンドンだけでもこうした団体が50も存在したという。1870年代半ばにロンドンで始まった視覚・聴覚障害児のためのクラス設置はその他の大都市にも拡がっていった。多くの子どもたちは、就学が国によって強制される以前から、すでに何らかの学校に通っていたのであるから、もっとも貧しく見捨てられた子どもたちへの関心を高めたことが、1870年以降の教育法制のもう一つの意義といえよう。

(4) 労働者階級の子ども期の成立

　18世紀末から19世紀末までのおよそ100年間に、子ども期はそれ自体意味のある人生の一時期であるとの考え方が少しずつ普及していった。子どもの教育と福祉の領域は、学校教育の普及と労働時間の短縮だけでなく、非行少年や罪を犯した子どもの処遇の改善や、家庭内の子どもの虐待やネグレクトへの対応、障害児の就学へと拡大していった。

　子ども期は次第に延長された。工場労働の禁止という観点からすると、子ども期は1840年代には8歳で終わりを告げた。しかし、子ども期の終わりは、1870年代になると10歳から13歳へと延長された。長い時間をかけて、子どもに適していない職業があること、子どもは大人と違って保護されるべき存在であることが認識されたのである。

【引用・参考文献】
Jose Harris. 1993. *Private Lives, Public Spirit: Britai, 1870-1914.*
Boyd Hilton. 2006. *A Mad, Bad, & Dangerous People? Englan, 1783-1846.*
Pamela Horn. 1995. *Children's Work and Welfare, 1780-1890.*
T.W. Laqueur. 1976. *Religion and Respectability: Sunday School and Working Class Culture, 1780-1850.*
池端次郎編　1994　西洋教育史　福村出版
北本正章　1993　子ども観の社会史―近代イギリスの共同体・家族・子ども―　新曜社
オルドリッチ、松塚俊三・安原義仁監訳　2001　イギリスの教育―歴史との対話―　玉川大学出版部
武居良明　2003　イギリス綿工業と児童労働―19世紀初期から戦間期まで―　社会経済史学　69巻4号
ナーディネリ、森本真美訳　1998　子どもたちと産業革命　平凡社
中村勝美　2007　イギリスにおける保育制度の過去と現在―歴史的多様性をふまえた統合的保育サービスの構築―　西九州大学・佐賀短期大学紀要　第37号
松塚俊三　2001　歴史のなかの教師―近代イギリスの国家と民衆文化―　山川出版社
宮沢康人編　1985　世界子どもの歴史6―産業革命期―　第一法規出版

【図表・出典】
★図　藤井泰　2001　エリート教育　近代イギリスのエリート教育システム―パブリック・スクールからオックスブリッジへの学歴経路―　ミネルヴァ書房　58頁
★表7-1　村岡健次、木畑洋一編　1991　イギリス史3―近現代　山川出版社　13頁．P.Colquhoun, 1814 *A Treatise on the Wealth, Power, and Resource of the British Empire.*
★図7-1　Garett.E, et al, 2001. *Changing Family Size in England and Wales: Place, Class and Demography, 1891-1911.* p.2.
★図7-2　宮沢康人編　1985　世界子どもの歴史6―産業革命期―　第一法規出版　164頁
★図7-3　ナーディネリ、森本真美訳　1998　子どもたちと産業革命　平凡社　159頁

★表7-2　Pamela Horn, 1995. *Children's Work and Welfare, 1780-1890*.
★表7-3　T.W. Laqueur, 1976 *Religion and Respectability: Sunday Schools and Working Class Culture,. 1780-1850*. p.44.
★図7-4　天野郁夫編　1997　教育への問い　現代教育学入門　東京大学出版会　263頁

8章　イングランドにおける中等教育の歴史

章のねらい　現代の学校制度において中等教育とは、初等教育（primary education）に続く「secondary education」、すなわち青少年を対象とする第二段階の教育をさすもので、普通教育や技術・職業教育を含む概念である。

　イギリスをはじめ、ドイツやフランスでは、「中等教育」という概念が成立するはるか以前から、現在の中等学校の前身となる学校が存在していた。それらは中世以来、大学予備教育機関としての歴史をもっていた。近代以降はこれら都市に派生した学校の一部が、大学と接続する特権的な地位を有するエリート養成のための中等学校（ギムナジウム、リセ、パブリック・スクール等）として差異化された。これらの中等学校はいずれも、新人文主義にもとづく古典教養、古典語（ギリシャ語・ラテン語）の習得をカリキュラムの中心としていた。一方、自然科学や近代語、歴史、地理などの新しい教科を中心とする実学的教育は準エリート教育として位置づけられ、ヨーロッパにおいては、エリート教育と非エリート教育が階級によって分化した複線型中等教育システムが形成された。

　イギリスでは、民衆のための基礎教育が拡大し、一方でミドルクラスの教育要求の高まりから既存の学校再編が開始された19世紀中頃に「中等教育」という用語が一般化したが、これにはミドルクラスのための教育という階級的意味が内包されていた。基礎学校後の「第二段階」に提供される技術教育や職業教育を含む幅広い教育を含有するものとして、中等教育が拡充されるのは世紀転換期以降のことである。中等教育という用語は20世紀になって、今日的な意味に近いものとして用いられるようになった。こうして「すべてのものに中等教育を」というスローガンのもと、教育機会の平等をめざした分岐型中等学校（三類型別中等学校）への移行や、さらに残存した階級的差別の解消のために総合制中等学校が模索された。

　本章では以上のような中等学校の歴史的経緯をふまえ、イングランドの中等教育の成立を概観する。

第3部 近代イギリスにおける子どもと教育の歴史

1 人文主義教育の伝播とグラマー・スクール

(1) グラマー・スクール

　グラマー・スクール（文法学校）とは、ラテン語、ギリシャ語の文法を教える学校のことで、その起源は中世にさかのぼる。中世ヨーロッパの公用語はラテン語であり、聖職者となるためにはラテン語の教養が必要であった。ラテン語は、法律職や事務職につくうえでも書き言葉として、外交、貿易などにおいても国際語として、その実用的知識が求められた。また、ギリシャ語、ラテン語の学習は大学で学ぶためにも不可欠であったので、グラマー・スクールは大学入学準備を行なう大学予備教育機関としての役割を果たしていた。

(2) ルネサンスの影響

　中世後期には都市が誕生し、それまでの教会や修道院から、世俗の学校へと教育の中心が移っていった。イタリアでは都市の市民は生きていくためのよりどころを、教会よりも古代ギリシャ、ローマの思想のなかに求め、人間の生き方について学んだ。

　ルネサンス人文主義は当時発達しつつあった印刷術による古典著作の出版やイタリアで学んだ個人を通じて、アルプス以北のヨーロッパへと伝播した。イギリスでは、エラスムスがトマス・モアとの親交を通じて大きな影響を与えたほか、イタリアで学んだリナカー（Thomas Linacre、1460?–1524）やコレット（John Colet、1467?–1519）によって、人文主義教育が導入された。後述のようにコレットは、セント・ポール校にラテン文法書の著者として有名なリリ（William Lily、1468?–1522）を初代校長として招聘し、人文主義的中等教育の基礎を築いた。

(3) チャリティとしての教育

　16世紀頃から、基金立グラマー・スクールと呼ばれる学校が私的な篤志行為により各地に創設され普及し始めた。基金立学校とは、寄贈されたチャリティ基金が信託財産として提供され、そこから得られる収入をもとに運営されている学校である。19世紀までに設立された基金立学校のうち、1540年代から

1740年代までに全体の8割が創設された。

　これらの基金立学校にもっとも貢献したのは、大商人たちであった。香辛料や砂糖の輸入業、毛織物業、金融業などで巨額の富を築いたロンドンの大商人が、自分の生まれ故郷などに土地や財産を寄付して学校を設立したのである。

　例えば、セント・ポール司教座教会の主任司祭であったコレットがロンドン市長で裕福な絹織物商であった父の遺産を寄付してセント・ポール司教座聖堂学校を再建した、セント・ポール校（1509年設立）や、ロンドンの食料品商ローレンス・シェリフにより創立されたラグビー校（1567年設立）など、後世にパブリック・スクールとして名声を得た有名校がある。このような教育へのチャリティは、寄贈者が自分の名前を後世に残したいというような利己的な動機もあったけれども、教育機会の拡大が無知によってもたらされる社会の貧困を撲滅する有効な手段と信じられたことによるものであった。そのため、出身教区に無償の学校や巨額の奨学基金を備えた学校を創り、階層に関わりなく才能ある青少年に無償で教育を受ける機会を保障しようとしたのである。

コラム5　宗教改革と教育

　イングランドの宗教改革は、国王ヘンリ8世と妃キャサリンの離婚問題に端を発し、上からの改革により推し進められたという特異な経緯をもっている。男子の後継者のいなかったヘンリは、キャサリンとの結婚は無効であるとの確認をローマ教皇に求めたが認められず、イングランドはローマ・カトリック教会から離脱することになった。議会は1534年に国王をイングランド教会の首長と定める「国王至上法」を制定し、イングランド国教会が成立した。

　このとき、プロテスタントの教義にしたがって、中世以来、庶民教育の場としても機能していた修道院が解散され、その土地財産が没収された。当時、イングランドには大小800余りの修道院があり、その財産から得られる収入は国家収入に匹敵するほどであった。没収された土地財産の一部は、パブリック・スクールやオックスフォード、ケンブリッジ両大学のカレッジの創設に充てられた。

　宗教改革以後、イングランドは聖書中心主義をとるプロテスタンティズムを基調とすることになった。国王ジェイムズ1世により聖書の英語への翻訳がはじまり、「欽定訳聖書」が作成された。聖職者による文字文化の独占は終わり、

聖書を庶民が読んで理解できるようにすることは教育の主要な目的となった。

このようにイングランドにおける宗教改革は、国王至上主義とプロテスタンティズムという異質な要素を有していたが、そのもう一つの大きな文化的影響は、国家が国教会への信従を強制したことに反発して、国教会信従忌避者や非国教徒を生みだしたことである。かれらは公職や庶民院議員のポストから閉め出され、オックスフォードやケンブリッジ、パブリック・スクールの教育を受けることもできなかった。非国教徒たちは宗教上の対立だけでなく、反体制的な文化を生み出し、支配階級であるジェントルマン階層と文化的に対立することとなった。

カルヴァン派の流れをくむ長老派（プレスビテリアン）の勢力が強かったスコットランドでは、1561年に「第一規律書」のなかで、神の国をこの世に実現するためには、信仰心をもたず生まれてくる子どもの魂に触れ、かれらを罪を犯すことのない人間に育てる教育制度が重要だとする考えが示された。各教区に「教理問答と読み方」を5歳から8歳の子どもに教える教師を任命し、文法学校やカレッジを町の規模に応じて整備すること、身分や財産にかかわりなく、試験の成績に応じて次の段階の教育課程へ進めるようにすること、大学には奨学生制度を設けることなど、教会や国家にとって有為な人材を広く得るために能力主義的な教育制度が構想された。

この構想はすぐには実現されなかったが、スコットランド教会は17世紀末までに、低地地方を中心にほとんどの教区に教区学校と呼ばれる初等学校をつくり、誰もが聖書を読めるよう子どもたちを教育した。

2　パブリック・スクールの誕生と再生

(1)　パブリック・スクールとは

イギリスのエリート教育機関であるパブリック・スクールについては、古くは池田潔の『自由と規律』や小説『トム・ブラウンの学校生活』、『チップス先生、さようなら』などによって広く日本に紹介されてきた。現在ではこれらの書物を手に取る機会はあまりないかもしれない。最近では映画化もされた「ハリー・ポッター」シリーズのホグワーツ魔法魔術学校が、パブリック・スクールを模していると思われ、全寮制や寮対抗スポーツ競技、制服、プリーフェク

ト制などパブリック・スクールの諸特徴を垣間見ることができる。

　パブリック・スクールは、19世紀には主として支配階級であるジェントルマンの子弟の教育の場であったが、もともとは比較的貧しい人々を対象として設立された基金立グラマー・スクールを起源としている。グラマー・スクールが設立されたころ、上流階級では住込みの家庭教師による邸内の教育が中心であった。しかし、時代とともに、授業料を払って子弟を「私費生」として名門のグラマー・スクールに通わせることも増えてきた。長子相続制のイギリスでは、貴族の次、三男は法曹職や聖職といった専門職に就いて生計を立てねばならず、そのためには大学教育が必要だったからである。

　こうして19世紀初頭には、私費生であるジェントルマン階級の男子が全国から広く集まる名門グラマー・スクールが、「パブリック・スクール」と呼ばれるようになった。19世紀初頭に「パブリック・スクール」として認定されていたのは、ウィンチェスター（創立1382年、以下同）、イートン（1440年）、セント・ポール（1509年）、シュルーズベリー（1551年）、ウェストミンスター（1560年）、マーチャント・テイラーズ（1562年）、ラグビー（1567年）、ハロー（1571年）、チャーターハウス（1611年）の9校である。これらの学校は、8、9歳から18歳くらいまでの男子を対象としており、ロンドンに位置したセント・ポールとチャーターハウスを除いて、すべて寄宿制で、授業料は比較的高額であった。教育内容の中心はギリシャ語、ラテン語からなる古典語教育であった。

(2)　沈滞期のパブリック・スクールと教育改革への要求

　19世紀の前半のイギリスは工業化が進行し、社会経済上の大きな転換期にあった。1830年代から40年代は、第一次選挙法改正（1832年）、穀物法撤廃（1846年）が実現した「改革の時代」と呼ばれる。こうした改革を主導したのは、工業化によって台頭したミドルクラスであった。ミドルクラスの貴族・地主階級中心の伝統的な諸制度に対する改革要求は、当然のことながら、教育制度に対しても向けられることとなった。

　伝統的な教育制度に対する批判は、主として古典語教育の偏重と国教会中心の宗教教育に対して向けられた。実業に携わるミドルクラスは、古典人文学に

代えて、産業社会に必要とされる実学的教科（数学、自然科学、近代外国語、社会科学）からなるカリキュラムを要求したのである。

実学や近代的教科は18世紀に普及した非国教徒アカデミー（dissenting academy）や私立学校によって担われていた。18世紀はグラマー・スクールないし、パブリック・スクールの沈滞期であり、私費生の減少により経営が不安定になる学校もあった。それだけではなく、学校内ではしばしば規律の低下による生徒の風紀の乱れや問題行動が生じていた。そうした生徒の行動に対し、学校側は退学、罰金、監禁、体罰といった厳罰主義により応じたが、問題の解決にはならなかった。

生徒への厳格な処分に反対した生徒たちの校内暴力や器物損壊など生徒による暴動がしばしばおこり、その鎮圧のためにラグビー校やウィンチェスター校では軍隊が出動する騒ぎとなった。また、当時多くのパブリック・スクールでは、下級生が特定の上級生に奉仕するファギング制が存在し、専制的な上級生によるいじめが頻発していた。

(3) アーノルドによるラグビー校改革──クリスチャン・ジェントルマンの育成

パブリック・スクールを新しい時代にふさわしい学校に変革することに成功したのが、トマス・アーノルド（Thomas Arnold、1795 – 1842）である。1828年にラグビー校校長となったアーノルドは伝統的なパブリック・スクールの教育をミドルクラスの教育要求にかなう近代的学校へと刷新した。

アーノルドの教育理念は、よく知られているように道徳教育を重視した「クリスチャン・ジェントルマン」の育成であった。かれは人文主義的教養を基盤とするジェントルマン理念を尊重すると同時に、礼拝堂での説教を通じてキリスト教

★図8-1　トマス・アーノルド

的精神を説き、生産活動に従事しない有閑階級であるジェントルマンの子弟に対し、自らの任務を遂行するというキリスト者としての生き方を示し、使命感や責任感を自覚させた。かれの教育方針は、伝統的支配層と新興ミドルクラスを統合する教育理念であり、福音主義運動を背景に上流階級にも受け入れられた。

　アーノルドは道徳教育の一環として、生徒相互の影響を重視し、プリーフェクト制（監督生制）を充実させた。この制度は、最上級の第6年級（sixth form）の生徒をプリーフェクトに任命し、下級生の指導や生徒自治の責任を負わせるものである。アーノルドは第6年級の古典語のクラスを担当し、そのカリスマ的指導力によって生徒たちを魅了し感化することによって、プリーフェクト制を効果的な生徒管理組織として機能させた。1860年代以降、上級生による下級生のいじめに配慮して、パブリック・スクールの下級部は廃止され、入学年齢はおおむね13歳に引き上げられた。このため、パブリック・スクールへの入学準備教育を行なう個人経営のプレパラトリー・スクールが設立されるようになった。

　アーノルドはまた、寄宿寮の生活を改善するため、専任教師を生活指導に責任を持つハウス・マスターとして配置した。それ以前、寮には教師の監督は行き届いておらず、しばしば生徒の問題行動の温床となっていた。しかし、ハウス・マスターが24時間生徒と寝食を共にして生徒指導に当たり、課外活動もハウス単位で行なわれるようになった。ラグビー校での教育改革の成功は、他のパブリック・スクールにも波及し、将来の社会のリーダーとなるべきジェントルマン育成の場にふさわしい知的、道徳的教育が行なわれるようになった。こうして、アーノルドは寄宿制や古典語教育というような伝統的要素を温存しつつ、全制的(トータル・インスティテューション)教育機関としてのパブリック・スクールの名声を再生させたのである。

3 アスレティシズムとジェントルマンの育成

(1) パブリック・スクールと近代スポーツ

　イギリスは近代スポーツ発祥の地といわれる。現在、世界中で親しまれてい

るサッカー、ラグビーやゴルフ、陸上競技のほか、クリケット、ボートもイギリスで生まれたスポーツである。なかでも、民俗ゲームであった「フットボール」から分化したサッカーとラグビーの誕生には、パブリック・スクールが大いに関わっている。

ラグビーの誕生については、次のような逸話がある。1823年、フットボールの試合に参加していたエリスという少年が、ゲームに夢中になってルールを無視し、ボールを小脇に抱えてゴールしたことから、新しい競技が誕生した。その後、発祥の地であるラグビー校の校名から、このスポーツはラグビーと呼ばれ世界中に広まった。ラグビー校の運動場の煉瓦塀にはこれを記念するプレートが埋め込まれている。

(2) アスレティシズムとは

19世紀初頭のパブリック・スクールでは、授業のない休日や放課後に、上述のフットボールのほか、クリケットやボートなどが生徒たちによって楽しまれており、校内・校外の対抗試合も行なわれていた。

「アスレティシズム」(athleticism) とは、運動競技、とくにクリケット、フットボール (サッカーとラグビー)、ボートといった集団スポーツを人格陶冶のための教育手段として重要視する態度のことで、1850年代から60年代のパブリック・スクールで成立した教育上のイデオロギーである。

アスレティシズムを確立したのは、アーノルドの次世代にあたる校長たちである。かれらは、それまで生徒たちの自主的活動として行なわれてきた男性的

★図8-2　イートン校でのクリケットの試合 (1863年)

な運動競技を道徳教育の有効な手段として、コーチの雇用や運動場の拡張とその資金集めなどを通じて支援し、その組織化に乗り出した。ヴィクトリア時代には「健全なる精神は健全なる身体に宿る」という身体壮健の思想が社会全体に浸透していた。教育界では丈夫な身体やスポーツが礼賛され、とりわけチームで争われるゲームを通じて、健康的な身体だけでなく、男らしさや勇気、集団精神、規律などの社会的、道徳的資質が高まると確信されたのである。

19世紀末には、集団スポーツによって鍛えられた壮健な身体と気質は、戦時においても平時においても、将来の政治家、行政官として大英帝国の発展に寄与するために欠かせない支配階層の資質であるとされ、アスレティシズムと帝国主義が結びついていった。

コラム6　ジェントルマンとは何か

19世紀のイングランド社会は、ミドルクラスの上層を境として、ジェントルマン階層と、非ジェントルマン階層に区別される階層社会であった。

ジェントルマンとはどのような人々であったのか。この問いに正確に答えることは大変難しいが、さしあたり次のような人々である。

まず、社会的には支配階級であり土地所有階級である貴族・ジェントリ、それから、国教会聖職者、法廷弁護士、内科医、陸軍士官、上級官僚、大学教授やパブリック・スクール教師などの専門職者階層が中心である。すなわち、直接的な生産労働にかかわらない有閑階級であることがジェントルマンの重要な属性であった。いくら富裕であっても、商工業に従事するブルジョワはジェントルマンとはみなされなかった。

文化的には、ルネッサンス以来の人文主義的教養、すなわちローマ・ギリシャ時代の古典を学ぶことがジェントルマンの証とみなされた。こうした教育は、教養教育（リベラル・エデュケーション）(liberal education) と呼ばれ、実用的、職業的教育とは厳密に区別された。

工業化によって富を蓄積したミドルクラスのなかには、社会的地位の上昇を求めて、自らジェントルマンになることを望むものも大勢いた。田園に土地を購入したり、息子をパブリック・スクールや大学で学ばせ、ジェントルマンの教養を身につけさせることは、ミドルクラスのジェントルマン化を実現する有効な手段となったのである。

(3) エリート養成の場としてのパブリック・スクール

19世紀後半のパブリック・スクール第6年級の時間割を見てみよう（表8-1）。

授業時間数の大半がラテン語、ギリシャ語の学習に充てられていたことがわかる。人類の文化的遺産であるギリシャ・ローマの古典は、人間形成のための教養の基礎であった。19世紀末までには、自然科学や歴史、地理、外国語、国語などの時間数が増加しカリキュラムの多様化が進んだが、依然として古典語教育はカリキュラムの中核であり続けた。集団ゲームを中心とするスポーツは課外活動として「半日休日」に行なわれた。

前述のように、19世紀初期にはこうした古典偏重のカリキュラムに対する批判が集中したものの、結局のところ、伝統的なジェントルマン理念にそった教育制度は、急進的改革を経験することなく、ミドルクラスの価値観を包摂しつつ、新しい時代の要請に適応していったといえよう。

19世紀半ばから、とりわけミドルクラスの教育需要が高まるにつれて、パブリック・スクールに類似した寄宿制の学校が次々と新設された。実は、どのような学校がパブリック・スクールであるかを定めた明確な基準はなく、名校長が輩出されたり、オックスフォードやケンブリッジ大学に多くの卒業生を入学させたというような世評によって位置づけが決まった。19世紀末には50校から100校前後の学校がパブリック・スクールとみなされていたという。とはいえ、当時の男子中等学校全体に占めるパブリック・スクールの割合は5％程度であり、エリート教育の場であることには変わりなかった。パブリック・ス

★表8-1　ラグビー校（1860年）の時間割

	1	2	3	4	5	6	7
日		教会史					
月	聖書	外国語	歴史		古典翻訳・作文		
火	ラテン語		ギリシャ語	半日休日			
水	ギリシャ語		ラテン語	外国語			
木	聖書		ギリシャ	半日休日			
金	ギリシャ語		ギリシャ語		数学	ラテン語	
土	ラテン語	数学		半日休日			

クールは、オックスフォード、ケンブリッジと同様、イギリスのエリート教育機関として、陸海軍士官、法律家、官僚、政治家を数多く輩出した。

4 中等教育の改革と拡充

(1) 基金立グラマー・スクールの改革

　ミドルクラスの教育要求の高まりを受け、パブリック・スクールの改革や新設が進行していた一方で、多くの基金立グラマー・スクールの改革は手つかずのままであった。政府はようやく、1864年に学校調査委員会（委員長の名をとって、トーントン委員会と呼ばれた）を設置し、ミドルクラスの教育改革にとりかかった。

　調査の結果、基金立学校にはさまざまな問題があることが明らかになった。まず、当時のミドルクラスの人口規模に対して、学校数が圧倒的に不足していた。また、もともと古典語の文法を教える学校として創設されたにもかかわらず、それらを教えず、読み書き算を教える初等学校レベルの教育をしている学校、閉校状態の学校さえあった。また、基金立学校は制度上、女子には開かれていなかった。トーントン委員会は、これら学校を「古典語学校」「半古典語学校」「非古典語学校」として分類している。

　トーントン委員会の示した中等教育改革案は、当時のミドルクラス上層、中層、下層のそれぞれの階層に対応させた3種類の学校を設けるというものだった。

　最上位に位置づけられたのは、上流階級および上層ミドルクラスを対象とする第一級学校である。離学年齢が18歳以上で、寄宿制をとり、オックスフォードおよびケンブリッジ大学への進学準備を主な目的とする。教育内容はギリシャ語、ラテン語の古典教育を中心とし、数学、フランス語、ドイツ語、科学等を教授する。この学校のモデルが、伝統的エリート養成校であるパブリック・スクールであることは明白である。19世紀イングランドにおいては、ジェントルマン理念に基づく支配エリートの文化を価値基準として、階層的中等教育制度が構築されることとなった。

　1869年に基金立学校法が成立し、基金立学校委員会によって基金立グラマー・

スクールの改革が行なわれた。地域の住民に無償教育を行なう学校として設立された基金立学校は、授業料を徴収するミドルクラス向けの学校に再編された。基金立学校のほとんどは、古典人文教養中心の第一級学校と、離学年齢が16歳の第二級学校とに分化していった。第二級学校のカリキュラムでは、ラテン語は必修であったが、ギリシャ語は選択科目に位置づけられ、近代語が教えられた。そのほかには、科学、数学、国語、イギリス史・地理が教えられたが、職業的な科目は排除され、普通教育が行なわれた。

イギリスでは、フランスのバカロレア、ドイツのアビトゥーアに相当するような中等教育修了の国家資格は導入されず、そのかわりに、大学主導の試験が中等教育修了資格認定の役割を果たした。中等教育修了者に対する外部試験としては、オックスフォード・ケンブリッジ学校試験委員会が行なう地方試験のほか、ロンドン大学、ヴィクトリア大学が実施する試験があった。

(2) 女子中等教育の進展

これまでみてきたパブリック・スクール、基金立グラマー・スクールはいずれも、女子には入学が認められていなかったうえに、女子の教育は社会の関心の外におかれていた。19世紀初期、ミドルクラス以上の家庭では、女の子は家庭で母親やガヴァネスと呼ばれる住込みの女性家庭教師から教育を受けた。その後、個人が経営する女子学校で教育を受けることもあった。女子のための学校教育は、当時の女性観を反映し、将来良き妻、良き母になることを目的とし、結婚市場で価値が高まるように、たしなみ、社交術を重んじたダンス、音楽、フランス語、宗教教育が中心で、知的教育は重視されていなかった。

しかしながら、19世紀半ばになると、女性解放運動、女性の社会進出の必要性

★図8-3　フランシス・メアリ・バス

を背景に、女子教育の改革がはじまった。女子教育改革の先駆者として知られるのが、バス（Frances Mary Buss、1827－1894）とビール（Do rothea Beale、1831－1906）である。

　バスは1850年に通学制のノース・ロンドン・コリージェト・スクールを設立し、古典語や数学をカリキュラムに位置づけ、知的教育重視型の女子教育を行なった。この学校は1870年代以降相次いで設立された女子の通学制学校「ハイ・スクール」のモデルとなった。バスは女子も男子と同じ基準で学力評価を受けるべきであると考え、1863年にはケンブリッジ大学の実施する試験で生徒15名が合格した。卒業生の一部は、当時女性に徐々に開かれつつあった高等教育に挑戦し、ガートン・カレッジへの進学者や、ロンドン大学の学位取得者も輩出した。

　1854年に創設されたチェルトナム・レイディーズ・カレッジは、女子パブリック・スクールの先駆けとなった。創立当初のカリキュラムは、私立の女子学校と変わりないものであったが、1858年、二代目校長に就任したビールのもと、カレッジの教育水準は徐々に向上し、ラテン語やギリシャ語、数学、科学が教えられるようになった。生徒たちはオックスブリッジの地方試験受験を目標として学び、さらに女子カレッジへの進学をめざした。

　しかしながら、女子教育は順調に進展したわけではない。女性が男性のように高度な教育を受け、厳しい試験に挑戦することは、「女性らしさ」を失わせ、健康を損なうとして非難された。初期の女性校長たちは、こうした偏見や少女たちの親の懸念に慎重に配慮して、音楽や絵画、裁縫などの伝統的な女子用の科目や礼儀作法も重視したのである。

(3)　労働者階級の中等教育

　19世紀には中等教育の再編と拡充が進行したが、民衆のための中等教育の機会はほとんどなかった。民衆のための基礎教育と、ミドルクラスのための中等教育は相互に関連性のないものとして、併存していたのである。こうした教育システムを複線型学校体系という。しかしながら、1870年基礎教育法以降、民衆の初等教育が徐々に普及してきたことにより、労働者階級のための初等学校後の教育機関が登場しはじめた。夜間補習学校、ハイアー・グレイド・スクー

ル、教員見習生センターなどである。これらの教育機関は、ミドルクラス以上の中等教育が大学へ接続する「下構型」であるのに対し、初等学校から上へと伸びていく「上構型」と呼ばれる。

このうち、ハイアー・グレイド・スクールとは、19世紀末に北部産業都市を中心に、熟練労働者階級の子どもたちを対象として、比較的安い授業料で、読み書き算の基礎教育よりも程度の高い教育、とりわけ科学・技術中心の実学教育を行なう学校であった。これらの学校を設立したのは、地方の学務委員会である。ハイアー・グレイド・スクールは、労働者階級の教育要求に対応した新しいタイプの中等学校であり、卒業後、工業や商業分野での就職をめざす生徒のために職業教育が行なわれた。19世紀末には、イギリスの産業面での優位が失われ、科学・技術教育の立ち遅れが問題視され始めたこともその背景にあった。

ハイアー・グレイド・スクールは、伝統的な中等教育とは教育内容や14、15歳という離学年齢の面で大きく異なっていたので、果たして中等学校と呼べるのかという点について論争があった。1904年の「中等教育規則」によって、ハイアー・グレイド・スクールは正式に公立の中等学校に位置づけられたのであるが、中等学校への昇格を果たす代償として、その性格は実学から教養主義へと変容することを余儀なくされた。

(4) 20世紀

これまで見てきたように、19世紀イングランドの中等教育は、古典人文主義教育を中心とする、ミドルクラスより上の階層のための教育であった。世紀末には中等教育の大衆化がおこり、労働者階級向けの基礎学校以降の教育機関が設立された。世紀転換期には、中等教育の大衆化要求はさらに高まり、ロンドンで実験的に開始されたセントラル・スクールや下級技術学校が、公立の小学校に接続

★図8-4　R.H.トーニー

する上構型学校として全国に普及した。しかしながら、これらの学校は伝統的な中等教育観からすると、中等学校とはみなされないのが現実であった。なかには優秀な成績を修めて奨学金を得たり、無償の公立中等学校に進学する生徒もいたが、圧倒的多数の労働者階級の子どもたちにとって、基礎学校を終えた後の教育の機会は乏しかった。

　20世紀初頭になると、教育機会の平等をめざし、基礎学校を終了した11歳から16歳までのすべての子どもが中等教育を受けられるような教育制度の実現が、労働党の政策の一つとなった。こうして1922年、有名なトーニー（Richard Henry Tawney、1880-1962）の手による『すべての者に中等教育を』が労働党の政策文書として刊行されたのである。この提言は、中等教育を基礎教育以降の青少年期を対象とする教育一般という広い概念でとらえるものであり、学校種の多様性を維持しながら、セントラル・スクールや下級技術学校を中等学校に格上げしようとするものであった。中等教育の一元化は、戦時下の1944年教育法によって実現し、セントラル・スクールを前身とするモダン・スクール、下級技術学校を前身とするテクニカル・スクール、公立中等学校を前身とするグラマー・スクールの三類型別中等学校が成立した。

【参考・引用文献】
池端次郎編　1994　西洋教育史　福村出版
池田　潔　1949　自由と規律―イギリスの学校生活―　岩波新書
河村貞枝・今井けい　2006　イギリス近現代女性史研究入門　青木書店
鈴木秀人　2002　変貌する英国パブリック・スクール―スポーツ教育から見た現在　世界思想社
竹内　洋　1993　パブリック・スクール―英国式受験とエリート―　講談社現代新書
橋本伸也・藤井　泰・渡辺和之・進藤修一・安原義仁　2001　エリート教育　ミネルヴァ書房
パーヴィス、香川せつ子訳　1999　ヴィクトリア時代の女性と教育―社会階級とジェンダー―　ミネルヴァ書房
ヒューズ、前川俊一訳　1952　トム・ブラウンの学校生活（上）・（下）　岩波文庫
藤井　泰　1995　イギリス中等教育制度史研究　風間書房
宮腰英一　2000　19世紀英国の基金立文法学校―チャリティの伝統と変容―　創文社
ミュラー、リンガー、サイモン編、望田幸男監訳　1989　現代教育システムの形成―構造変動と社会的再生産―、1870-1920　晃洋書房
村岡健次　2002　近代イギリスの社会と文化　ミネルヴァ書房
望田研吾　1996　現代イギリスの中等教育改革の研究　九州大学出版会

近代イギリスにおける子どもと教育の歴史

【図表・出典】
★図8-1、8-3、8-4、ウィキペディアより
★図8-2 橋本伸也・藤井　泰・渡辺和之・進藤修一・安原義仁　2001　エリート教育　ミネルヴァ書房　32頁
★表8-1 安部生雄　1983　クラレンドン委員会報告書（1864）にみるゲーム活動の状況　東京学芸大学紀要第五部門35より作成

9章　変化する社会と大学の歴史

章のねらい

　イングランドの高等教育の歴史には、3つの画期がある。その第一は、12・13世紀の大学誕生である。イングランド最古の2つの大学は、中世大学であった。交通の要所として栄えた中世都市オックスフォードには、古くから教師や学徒が集まっていたが、パリから帰国した学徒が中心となって、13世紀初頭には基本的な組織が形成され、大学として発展した。同様に、ケンブリッジ大学も住民と学徒の争い(タウンとガウン)を発端として、オックスフォードから移住してきた人々によって大学の基礎が築かれた。

　絶対王政の成立と宗教改革を経て、中世大学の汎ヨーロッパ的な性格は次第に失われた。第二の画期は、両大学がイングランド国家と国教会の影響下に置かれるようになった16世紀である。大学は国教会聖職者に加えて国王の宮廷に仕え国家を統治する支配エリートを養成する場となった。国王や高位聖職者は学寮(カレッジ)を創設し、両大学は学寮制大学として独自の発展を遂げた。カレッジではフェローがチューターとして、学生の学習・生活指導を行なうようになり、学生の教育の場は大学からカレッジに移行した。また、ルネサンス・ヒューマニズムの流入により中世的神学が後退し、ギリシャ・ローマの古典教養を身につけた「ジェントルマン理念」が生まれたのもこの時代である。

　本章で主に取り扱うのは、第三の画期である19世紀の大学である。現代の大学の基本的特徴は、この時期に形成されたものである。近代という大きな時代の転換点で、大学もまた大きく変貌した。

1　改革前夜の高等教育

(1)　沈滞する大学

　18世紀の終わり、イングランドでは、オックスフォード、ケンブリッジのわずか2つの大学しか存在していないという、他のヨーロッパ諸国と比較してきわめて特異な状況にあった。大学の外では科学革命や産業革命が進行していた。しかしながら、オックスフォードおよびケンブリッジの両大学はそうした時代の変化から取り残され、改善すべき難題が山積していた。

★図9-1　オックスフォード大学セント・エドマンド・ホール

　アダム・スミスや歴史家ギボンの証言によってよく知られているように、18世紀の大学はイングランド国教会の庇護(ひご)のもと、特権的閉鎖的団体と化し、学問的にも長い低迷期にあった。

　オックスフォード大学では、学位取得の要件は1636年に制定されたロード学則によって規定され、合格基準が明確でなかったうえに、試験の公開性が失われていたため、学位試験は茶番劇と化していた。18世紀後半、ある学位志願者は試験のようすを次のように回想している。

> 私の在学当時、オックスフォード大学の学位試験はまったくの茶番劇と化していた。私はヘブライ語と古代史の試験を受けた。
> 『されこうべの地をヘブライ語で何といいますか？』
> 『ゴルゴタの丘です』
> 『ユニヴァーシティ・カレッジを創立したのは、誰ですか？』
> （多少疑わしかったけれども）私は言った。
> 『アルフレッド大王がそれを建てました』
> 『よろしい。あなたには学位の資格があります』
> (C.E. Mallet. 1927 *History of the University of Oxford*, London. p.165.)

　学生の教育と生活の指導にあたるはずのカレッジのチューターたちは、必ずしも学問的資質からフェローシップに選任されたわけではなかった。候補者の選抜は、カレッジの規約によって、特定の家系や地方の出身者に限定されてい

ることがほとんどだったのである。また、フェローシップの保有には独身制限が課されていた。結婚したいと望むフェローは、聖職に就くか、パブリック・スクールの教師になるかして、カレッジを去っていった。

　国教会の聖職者養成が主な役割となっていた両大学は、国教会との結びつきを強めていた。カレッジのチャペルでの礼拝や、オックスフォード大学では入学登録、ケンブリッジでは学位取得の際に、国教会信仰39か条への宣誓を義務づけることによって、事実上、非国教徒を締め出していたのである。また、両大学ともに学寮制で、カレッジ外に居住することは認められていなかったので、大学で学ぶためには多額の費用が必要であった。

(2)　グランド・ツアー

　大学の知的衰退はその教育機関としての信頼を失わせたため、18世紀の上流階級では、貴族の若者たちのグランド・ツアーが流行した。

　グランド・ツアーとは、1、2年から長くて5、6年をかけて文化先進国であるフランスやイタリアを訪れ、貴族の「若様」を国際的に通用するジェントルマンに仕立てるための、一大修学旅行である。貴族の子弟たちは通過儀礼として、17、8歳になると船でドーヴァー海峡を渡り、馬車でヨーロッパを旅して回った。

　フランスでは、当時の社交界の公用語であるフランス語を習得することが一番の目的で、紹介状をもって貴族の家を訪ねながら、優雅な立ち居振る舞いや社交術を身につけた。イタリアでは宮廷を訪れ、社交術に磨きをかける一方、ローマ帝国の遺跡やルネサンス芸術を鑑賞し教養を深めた。

　もちろん、若様が羽目を外さないよう道中のお目付け役として、家庭教師が帯同された。大貴族の場合は家庭教師だけでなく、牧師や将校、従僕、従者などを引き連れて大陸を周遊した。アダム・スミス、ホッブズら著名な学者も家庭教師として外国に滞在し、大陸の文化を学んだといわれる。

　グランド・ツアーは1740年に勃発した7年戦争で翳りを見せはじめ、19世紀以降、蒸気船による定期便や鉄道網の発達によって、海外旅行が大衆化するにつれて衰退した。

2 オックスフォードおよびケンブリッジ大学の改革

(1) 学位試験制度の改革

18世紀から19世紀初頭に生じた変化のうちもっとも重要なのは、学位試験制度の改革である。学位試験の形骸化に危機感を覚えたオックスフォード、ケンブリッジの大学教師たちにより、試験に競争的要素が導入された。

この起源は18世紀半ば頃、ケンブリッジ大学で成績優秀者の名前を「トライポス・リスト」と呼ばれる学位取得者名簿に、成績順に分類、配列して公開し、顕彰したことに始まる。優等学位試験と呼ばれるこの方式は、1800年にオックスフォード大学にも導入された。

優等学位試験の主な内容は、ケンブリッジ大学では数学、オックスフォード大学ではギリシャ語、ラテン語の原典を中心とする古典学であった。中世以来、学位試験は口頭で行なわれていたが、19世紀に印刷された試験用紙を用いた筆記試験が導入された。筆記試験によって、多くの学生が同時に試験を受けられるようになり、より厳密で正確な採点が可能になった。

競争・筆記試験という近代的性格をもつ試験の導入は、大学に新しい風を吹き込み、学生、教師の知的生活は活気を取り戻した。

(2) 大学の門戸開放

1850年代は、初等、中等、高等教育のいずれにおいても、国家からの干渉が高まった時代である。教育問題への国家干渉は、議会による調査委員会による現状の把握と政策提言、その立法化というプロセスによって行なわれた。これらの改革の背景には、工業化によって富裕化したミドルクラスの教育要求の高まりがあった。

大学については、1850年に調査委員会が設置され、その結果に基づき、1854年にオックスフォード大学法、1856年にケンブリッジ大学法が成立した。この法律の最大の成果は、入学登録、学位授与の際に課されていた宗教審査を廃止し、非国教徒に大学の門戸を開放したことである。大学教師に対する宗教審査が廃止されたのは、1871年であった。19世紀初期には、大学を世俗化しようとする試みは頑迷な保守派の抵抗により進展しなかったが、19世紀後半に

は大学の宗教的共同体としての性格は次第に薄れていった。こうした変化は、学生の出自や就職先の変化にも少しずつ反映された。ケンブリッジ大学では18世紀から19世紀前半までは、入学者の出身階層は聖職者と貴族・ジェントリ（地主）がもっとも多く、卒業後の活動分野も3分の2が聖職者、次いで貴族・ジェントリであった。しかし、19世紀後半以降、学生の出身階層と卒業後の進路は実業界、官界、専門職を含むものへと多様化した（図9-2、9-3）。

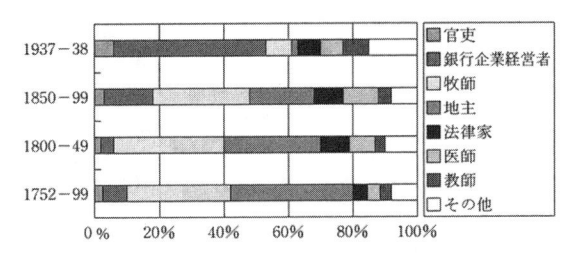

★図9-2　ケンブリッジ大学学生の出身階層

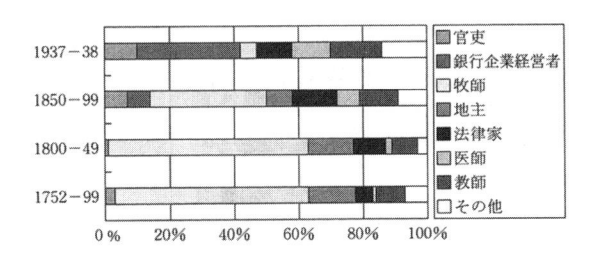

★図9-3　ケンブリッジ大学学生の卒業後の活動分野

(3) 官僚制改革と大学

国家干渉により大学改革が進められた1850年代から1870年代、時を同じくしてイギリスでは官僚制改革が行なわれた。19世紀前半まで、イギリス本国およびインド植民地官僚の採用は、推薦任用制（パトロネジ）によりおこなわれていた。こうした旧式のやり方は、急進派から批判を集めるようになり、インド植民地官僚については、1853年に推薦任用制の廃止と公開競争の筆記試験による採用方針が決定された。

オックスフォード大学のジョウエット（Benjamin Jowett、1817－1893）は、この改革を議会外で推進した一人である。高等文官試験の内容は、大学の試験をモデルとして策定され、ギリシャ語、ラテン語、数学、英文学・イギリス史に高い配点がなされた。公開試験のねらいの一つは、オックスフォードやケンブリッジの優秀な卒業生を採用することであり、試験科目は大学生に有利になるよう考慮されていたのである。官僚制は能力主義に基づいて広く開放されたが、けっして全国民に対して平等に開かれたわけではなく、ジェントルマン的教養の有無が社会的フィルターとしての役割を果たしたのであった。大学側にとっても、社会的威信の高いインド植民地官僚は大学卒業生の前途有望な進出先として願ってもないものであった。

実際に、試験実施後5年間の合格者113名のうち108名（96％）は大学卒業者あるいは大学生で、オックスフォード・ケンブリッジの両大学は全合格者の6割近くを占めた。こうして大学は、上級官僚の養成という新しい社会的役割を果たし、大英帝国の統治に貢献することとなった。

3 イングランドの大学と教養教育理念

(1) 大学教育への批判と教養教育論争

19世紀初頭、新たに導入された試験制度は筆記・競争試験という近代的性格を有し、学内に知的活気を回復させた。しかしながら、試験の内容がオックスフォードでは古典学、ケンブリッジでは数学に著しく偏重していたことが近代的、実用的な学問を無視しているとして批判を集め、「教養教育論争」が起こった。

論争の引き金となったのは、知識の価値はその有用性によって測られるべきであるとする、エッジワースによる『専門職業教育論』に対する書評である。スコットランドの急進主義的論壇の中心であった『エジンバラ・レビュー』誌は、大学が専門的、職業的な教育を行なっておらず、古典教育に傾斜し、より直接的な有用性をもつ自然科学や政治経済学などの実用的学問を無視していることを批判した。

(2) 教養教育理念とは
　価値基準としての有用性や過度の専門化に警鐘を鳴らし、スコットランドからの批判に応えたのは、後にオックスフォード大学オリエル・カレッジの学寮長となるコプルストン（Edward Copleston、1776-1849）である。
　コプルストンは大学教育の主たる目的とは、知的能力の訓練であり、そのためのもっとも優れた手段が古典教育であるとして、次のように主張した。
　国家の富は分業の原則を適用することにより著しく成長してきたが、それは個人の尊厳の犠牲の上に成り立っていた。社会の発展のために分業や専門化は避けられないが、人間が完全にそのシステムに屈してしまうことは、社会の荒廃を招く。なぜならば、人間の視野は活動範囲が狭まるほど、「その場においては役に立つが、そこから離れれば何の意味も価値もない強力な機械に従属する部品の一つ」となるまで矮小化されるからである。この弊害を防ぐために古典文学から得られる教養の共有が必要であった。古典から得られる知識は人間を過度の専門化から生じる偏見から解放し、知性を豊かにしてくれるのである。
　大学教育の目的とは、「何か特定の官職や職業について直接の準備をすることではなく、あらゆる職務を優雅に、高貴に」遂行すること、「私的あるいは公的な職務も、平時でも戦時の場合も、公正に、熟練して、寛大に執り行える」ように、人間を形成することである。したがって、古典や数学の学習を通して得るべきものは、それらの知識というよりも、その教科による鍛錬によって発達させられる能力や精神、習慣である。
　コプルストンの主張こそ、大学の目的はたんなる実用的知識の伝達や職業教育ではなく、ディシプリンを通じた精神の修養であるとする、伝統的教養教育理念のマニフェストであった。かれの古典教育への信頼は、ルネッサンス以来の伝統に依拠するものである。「教養」とは自由を意味しており、元来は奴隷的立場にない自由人、経済的に働く必要のない人々にふさわしい教育をしていた。イタリア・ルネッサンスの時代の「廷臣」の理想像—廷臣として要求されるあらゆる職務をこなすことができ、優雅な振る舞いと身だしなみを身につけた普遍的人間—に影響を受け、イギリスでもジェントルマンとは、生まれも備えている教養においても、ジェントルでなければならないと考えられるようになった。そのための教養として、古典的素養が重視されるようになったので

ある。

しかし、コプルストンはこうした根拠から古典教育を正当化することはもはや困難であることを考慮し、古典学のもつ知的訓練としての機能を主張した。このような19世紀初頭の教養教育理念の変化は「社会的ないし社会・道徳的資質から知的資質への変化」と特徴づけられる。

(3) ニューマンの大学の理念

知性の卓越性とそれ自体を目的とした知識の探求の場としての大学をもっとも印象深く擁護したのが、ニューマン（John Henry Newman、1801－1890）である。ニューマンは、大学の直接の目的はたんなる知識や内容中心の知識を獲得することではなく、知性の涵養であると述べる。すなわち、ギリシャ語のソフィアが意味するような、知性の卓越性すなわち知性が熟達あるいは完成した状態をめざすことである。知性の涵養あるいは精神の拡大とは、分析、分類、調和などの精神の働きであり、「多くの事柄を同時に一つの統一体として眺める力、それらの事柄を普遍的体系の中でそれぞれ然るべき場所に位置づける力、それぞれの価値を理解し、相互の依存関係を決定する力」であるという。

コプルストンからニューマンへと続く教養教育の理念は、19世紀を通じてJ.S. ミル、ハクスリ、マシュー・アーノルドら多様な背景をもつ人々に継承された。

(4) 学位試験の専門分化

1850年の委員会調査を前に、オックスフォード大学では古典学、数学（1807年開始）に加えて、新たに自然科学と法学・近代史の優等学位試験が創設された。ケンブリッジ大学では、1848年に道徳科学、自然科学の優等学位試験が創設された。

当初、これらの新しい教科は、必修である古典学や数学の試験に合格した後の選択科目として位置づけられていた。古典学と数学は教養教育のためのもっとも優れた教科として、特権的地位を与えられていたからである。

しかしながら、論争の結果、教養教育の手段としてのディシプリンは多様化していった。教養教育の目的は知的、精神的な訓練であるが、「リベラル」な

方法で教え、学ばれるのであれば、どのような学問であっても、教養教育の手段としてその目的を達成することが可能であるという結論が導かれたのである。1860年代以降、予備試験で数学や古典学の知識は必要とされたものの、学士課程における最終試験には、自然科学、法学、神学、東洋学、歴史、英語・英文学、近代語などが加わり、専門分化が進行した。

4 新大学の創設

(1) ロンドン大学の設立

　ロンドン大学は、旧大学の独占状態を打破するため創設された新しい都市型大学である。1825年、詩人キャンベル（Thomas Campbell）から、ブルーム（Henry Brougham）にあてた書簡の中で新大学の構想が提案された。この提案は、ミル（James Mill）、ベンサム（Jeremy Bentham）、ラッセル（John Russell）、ヒューム（Joseph Hume）ら有力者、非国教会系聖職者、功利主義者、自由主義者等の支持を受けた。創設のための資金調達を目的として、一種の株式会社が組織された。目標の10万ポンドには達しなかったが、早くも1828年、ロンドン大学（London University）がガワー街に開学した。

　ロンドン大学は、通学制を採用し、非宗派で宗教教育を行なわず、年25ポンドという低額な授業料で学べる画期的な大学であった。旧大学に入学できない階層に高等教育機会を提供するだけでなく、旧大学のカリキュラムには含まれない自然科学、社会科学など新しい実用的教科を教授した。

　しかしながら、国教会と保守派を中心とする勢力は、この「神なき大学」の出現を快く思わず、1831年にキングズ・カレッジを設立した。ロンドン大学は学位授与権を有していなかったため、ロンドン大学とキングズ・カレッジで学ぶ学生に学位を授与するための試験・学位授与機関として、1836年にロンドン大学（University of London）が新たに創設されることとなった。旧ロンドン大学は、ロンドン・ユニヴァーシティ・カレッジ（University College, London）として、キングズ・カレッジとともに、新ロンドン大学の教育機関となったのである。さらにロンドン大学は、1858年、どこで学んだか、独学であるかを問わず、すべての志願者に学位を授与する帝国の試験・学位授与機

関となった（学外学位制度）。

1858年以降、ロンドン大学は、学位授与権をまだ獲得していない地方のユニヴァーシティ・カレッジの学生に学位取得の機会を提供し、地方の高等教育発展に寄与するとともに、その質保証に一定の役割を果たすことになった。

(2) 市民大学の設立

ロンドン大学設立以降、1830年代には国教会によりダラム大学が設立され、1851年には木綿商人ジョン・オウエンズの遺言により、のちにマンチェスター大学となるオウエンズ・カレッジが設立された。

1857年、オウエンズ・カレッジの化学教授に着任したヘンリー・ロスコウ（Sir Henry Roscoe、1833-1915）は、化学コンサルタントとして地元産業界と産学協同体制を築き上げ、財政的支援を受けることに成功した。

しかしながら、これら教育機関はいずれも創設当初は学生数が伸び悩み、しばらくの間、新しい高等教育機関が追随して誕生することもなかった。実際、イギリスの経済的繁栄とは対照的に、1860年代まで高等教育に対する需要はそれほど大きくなかった。産業家や商人の教育は大学とは無縁であったし、伝統的専門職である法曹や医師の養成はそれぞれ、ロンドンの法学院や医学校を中心に行なわれていた。技術者は伝統的に、現場での実地の教育によって養成されていた。

市民カレッジの設立運動が活発になるのは、1870年代以降である。ニューカッスル（1871年）、リーズ（1874年）、ブリストル（1876年）、シェフィールド（1879年）、バーミンガム（1880年）、リヴァプールおよびノッティンガム（ともに1881年）にカレッジが、続々と設立された。グラマー・スクール改革や公立中等学校の誕生により、高等教育に対する新たな需要が生み出されたのである。新設カレッジは専門職養成に関連するコースを充実させた。また、科学技術分野で急速に力を伸ばしたドイツの脅威が、「現場でのたたき上げ」に対する信奉を過去のものとし、イングランド北部・中部、とりわけバーミンガムやシェフィールドでの市民大学設立への推進力となった。

5　新しい大学のあり方への模索

(1)　大学と研究

　1860年代以降、確立された伝統的な学問を伝達するだけでなく、大学を新しい知識を創造する「研究」の場にしようとする研究推進運動が活発化する。その背景には、「理念」と「不安」が存在した。すなわち、研究の中心としての大学というドイツのヴィッセンシャフト理念であり、大陸諸国が科学を産業に応用することによってイギリスが国際競争に敗れる不安であった。

　今日、大学では教育と研究が行なわれることは自明のことである。しかしながら19世紀の大学では、古典学のような厳密な教育に適した偉大なテキストが存在し、不動の知識である完成された学問のみが、大学で学ばれるべき学問であるという考えが根強くあった。ところがドイツでは、「研究と教育の統一」を標榜するベルリン大学が創設され、大学教師は学生教育だけでなく、専門的な研究を行ない、歴史学、文献学、神学、化学の分野で目覚ましい成果をあげていた。「学問を絶えずいまだに解決されていないものとして扱う」というフンボルト理念によって、学生の教育も実験室やゼミナールでの実験や資料調査、討論、論文作成という研究のプロセスを経験させることによって行なわれた。独創的研究の先進地として、ドイツの大学は海外から多くの留学生をひきつけていた。

　オックスブリッジでは、1850年代から1870年代に、王立調査委員会の勧告を受け、学位試験制度改革、教授職の増設、博物館や研究所、実験施設の整備、フェローシップ改革など、学問の専門化と研究促進のための措置が講じられた。しかし、オックスブリッジでは教養教育理念と実用的教育への否定的態度が障壁となり、研究理念は容易に受容されなかった。これに対し、ロンドン大学やマンチェスター大学では、卒業論文や独創的研究に対して与えられる上級学位の導入など新しい方式が組織的に導入された。イギリスにおいて研究学位（PhD）が創設されるのは、留学生受け入れに際して学位の国際的な通用性が焦点化した20世紀以降である。

(2) 高等教育の女性への開放

　中世以来長い間、男性のみの、しかも独身者中心の共同体であった「大学」で女性が学ぶことは、19世紀半ばになってもきわめて異質なことと考えられていた。しかしながら、ガヴァネスの資質向上のための教育機関として1848年に設立されたクィーンズ・カレッジや、女性の知的サークルから発展したベドフォード・カレッジのように、女性のための高等教育の源流となる教育機関が設立され、そこから、その後の女性高等教育を担う人材が巣立っていった。

　女性の高等教育運動は、ミドルクラスの女性の雇用の拡大という課題と密接に結びついていた。ことに、女性教師の地位確立と医業への進出をめざす女性にとって、高等教育はこれら専門職につくための重要なステップだったのである。

　イギリスで最初の女性高等教育カレッジは、エミリ・デイヴィス（Emily Davies、1830-1921）によってケンブリッジの地に創立されたガートン・カレッジ（1869年開設、1873年移転、法人化）である。1871年には、ケンブリッジ大学の改革派であったヘンリ・シジウィック（Henry Sidgwick、1838-1900）の支援を受けて、後のニュナム・カレッジが開設された。女性が男性と同様の知的能力をもつことを証明し、完全な教育機会の男女平等をめざすデイヴィスは、ガートン・カレッジの学生に、男性と同じカリキュラムを学び、同一の学位試験の受験を奨励した。一方ニュナムでは、女性の教育機会の拡大が当面の目標とされ、学位試験の受験は学生の自主性にゆだねられていた。

　大学は女性の講義への出席や試験受験は許可したものの、女性を大学の正規のメンバーと認める学位取得については容易に認めなかった。旧大学で女性が学位取得が可能となったのは、オックスフォードでは1920年、ケンブリッジ大学では1948年のことであった。ロンドン大学はオックスブリッジよりもはるかに早い1878年に、学位を女性に開放した。市民大学の多くも、創立当初から女子学生を受け入れていた。

(3) 労働者への教育

　女性と同様、労働者階級も大学への門戸を閉ざされた社会集団であった。労働者がオックスフォードやケンブリッジで正規の学生として学ぶことは、ほと

んど不可能であったが、19世紀後半には大学と労働者を結び付ける重要なルートが形成された。

一つは、1870年代にケンブリッジでジェイムズ・ステュアートにより始められ、オックスフォードでも展開された大学拡張運動である。当初、この活動は大学教師が地方都市に出向いて、大学の正規の学生ではない人々を対象として講義を行なうという、地方巡回講義という形式で行なわれた。これらの講義は、女性や成人労働者など正規の大学教育にアクセスできない人々に高等教育を受ける機会をもたらした。また、大学拡張講義はブリストル、ノッティンガムやレディングでは市民大学創設の基盤となった。

労働者たちは19世紀以来、メカニック・インスティテュート運動や生活協同組合運動などを通じて、自ら教育を求めてきたが、1903年には労働者教育協会が設立された。1908年には、オックスフォード大学で大学拡張講義と労働者教育協会が連携し、チュートリアル・クラスという新たな形態の成人教養教育が開始された。

もう一つは、大学セツルメント運動である。大学の学生や教師たちがロンドンや大都市の貧困地区に拠点を設け、社会改革の理想を掲げて貧困階層の人々との交流や社会福祉活動に従事した。1884年、ロンドンのイースト・エンドに設立されたトインビー・ホールはこの運動の最初の拠点である。

オックスフォード大学、ケンブリッジ大学は、国教会とのつながりが薄れるにつれて、その性格を大きく変えていった。宗教的な制限の廃止やミドルクラスの教育要求に応えるだけでなく、女性や成人労働者への門戸開放を果たし、都市の貧困者との交流により、社会の現実問題に取り組む政治家や大学教師、社会活動家を生みだした。また、科学研究や教師、官僚、医者、法曹職などの専門職養成を通じて、国民生活全般に深い関わりをもつようになったのである。

【引用・参考文献】

Anderson, R. D. 1992 *Universities and Elites in Britain since* 1800, Cambridge .
Anderson, R. D. 2004 *European Universities from the Enlightenment to* 1914, Oxford.
Bellot, H.H. 1926 *University College, London,* 1826-1926, London.
Brock & Curthoys (eds.) 1997 *The History of the University of Oxford* , VI, Nineteenth-Century Oxford, Part I, Oxford.

Heyck, T.W. 1982 *The Transformation of Intellectual Life in Victorian England*, London.
McPherson, R.G. 1959 *Theory of Higher Education in Nineteenth-Century England*, Athens.
Copleston, Edward 1810 *A Reply to the Calumnies of the Edinburgh Review against Oxford Containing an Account of Studies Pursued in that University*, Oxford.
アシュビー、島田雄次郎訳 1995 科学革命と大学 玉川大学出版部
潮木守一 2004 世界の大学危機―新しい大学像を求めて－ 中公新書
カートイス、中村勝美訳 2010 19世紀オックスフォード大学における試験、教養教育、チュートリアル制度 大学史研究 第24号
グリーン、安原義仁・成定 薫訳 1994 イギリスの大学―その歴史と生態－ 法政大学出版局
サンダーソン、安原義仁訳 2003 イギリスの大学改革 1809-1914年 玉川大学出版部
サンダーソン、安原義仁・藤井 泰・福石賢一監訳 2010 イギリスの経済衰退と教育 晃洋書房
中村勝美 2011 イングランドの学士課程教育と教養教育理念―19世紀大学改革を中心として－ 子ども学研究 第2号
ニューマン、ミルワード編、田中秀人訳 1983 大学で何を学ぶか 大修館書店
浜渦哲雄 1991 英国紳士の植民地統治－インド高等文官への道－ 中公新書
舟川一彦 2000 19世紀オックスフォード―人文学の宿命－ Sophia University Press 信山社
本城靖久 1994 グランド・ツアー 英国貴族の放蕩修学旅行 中央公論社
安原義仁 1993 イギリスにおける研究学位の誕生―PhD学位の創設経緯 大学基準協会会報 第70号
安原義仁 1993 ロンドン大学学外学位制度について 学位研究 第1号
安原義仁 2001 近代オックスフォード大学の教育と文化―装置とエートス－ 橋本伸也・藤井 泰他 エリート教育（近代ヨーロッパの探究4）ミネルヴァ書房
安原義仁 2005 イギリスの大学における学士学位の構造と内容―近代オックスフォード大学の古典学優等学士学位を中心に－ 高等教育研究 第8集、日本高等教育学会
安原義仁 2006 初期チュートリアル・クラス労働者成人学生のオックスフォード進学と奨学金問題―個人の上昇か集団としての向上か－（友田卓爾編 西洋近代における個と共同性 渓水社 所収）
安原義仁・大塚 豊・羽田貴史編 2008 大学と社会 放送大学教育振興会
ヤーラオシュ編、望田幸男・安原義仁・橋本伸也監訳 2000 高等教育の変貌―拡張・多様化・機会開放・専門職化― 昭和堂

【図表・出典】
★図9-1 筆者撮影
★図9-2 、9-3 2004 世界の大学危機―新しい大学像を求めて 中公新書 7-8頁

4部

変容する子どもへの眼差しと学びの場　―アメリカを中心に―

10章　子どもたちの多様な学びと育ち
―植民地時代アメリカ社会の子ども―

章のねらい　子どもが学び、育つ場としてまず思い起こされるのは学校である。しかし、公教育制度の下、すべての子どもが学校で学ぶようになるのは、西洋でも19世紀後半以降のことである。では、それ以前の社会では子どもたちは何をどこでどのように学び、大人へと育っていたのだろうか。またそこには、私たちの社会とは異なる、どのような子ども観が存在していたのだろうか。本章では、17世紀から18世紀の植民地時代アメリカ社会を中心にこれらの問いを考えていく。

1　子どもの歴史を見る作法

　子どもたちの学びや育ちを歴史的に学んでいく際、必ず守るべき作法が二つある。一つは、現代の私たちの価値観から、過去の社会の人々の価値観を断罪しないという作法である。公教育が成立する以前の社会を見ていくと、現代の私たちには理解しがたい子育て慣習や躾、また現在であれば児童労働と非難されるような働く子どもたちの姿などを目にし、「かわいそう」「ひどい」「おかしい」といった言葉や、「現代に生まれてきてよかった」といった感想をつい漏らしてしまいそうになる。生存権や教育を受ける権利など、子どもの権利保障という観点からすれば、子どもたちの学びや育ちを支える環境は、確かに近代以降、多くの点で「進歩」「発展」してきた。しかし、現代の価値観を基準に、発展史的に子どもの歴史を学び、過去の子ども観を断罪したり、現代に育つ自分たちに安堵感を抱いたりするだけでは、「子どもとは何か」「教育とは何か」といった、教育史が探求すべき原理的な問いの答えは見えてこない。

　それでは、どのように子どもの歴史を見るべきであろうか。一つ目の作法の前提として守るべき二つ目の作法は、子どもを見る眼差しや子どもに付与され

た価値は、時代や文化、社会が変わっても不変であり、普遍的であるという考えを捨てることである。この点は、教育学が前提とする「子ども期」自体、中世ヨーロッパ社会には存在していなかった、とするフランスの歴史家、フィリップ・アリエスの論以降、一般的な考えとなっている。いま一度ここでアリエスの言葉を確認しておくと、『〈子供〉の誕生』の中で彼は次のように述べる。

> 私たちが出発点として取りあげている中世の社会では、子供期という観念は存在していなかった。このことは、子供たちが無視され、見捨てられ、もしくは軽蔑されていたことを意味するのではない。子供期という観念は、子供に対する愛情と混同されてはならない。それは子供に固有な性格、すなわち本質的に子供を大人ばかりか少年からも区別するあの特殊性が意識されたことと符合するのである。中世の社会にはこの意識が存在していなかった。[†1]

人々の価値観は歴史的に変わりうるものであり、私たちの目から見れば不思議に見える子育て慣習や子どもへの態度もその時代に生きていた人々にとっては、彼ら（彼女ら）の子どもに対する意識や感覚から当然の振る舞いをしたに過ぎない。子どもの学びや育ちを歴史的に見ていく際に重要なのは、その時代に生きていた人々の社会的、文化的、宗教的背景にまで想像力をふくらませ、彼らの世界観の中でそれらの行為や慣習の意味を理解するよう努力することである。そのうえで初めて、現代の私たちの価値観を原理的な問いの次元から相対化することができるのである。

2 子育て慣習に見る子ども観

前節の作法と前提を心得たうえで、本節では植民地時代アメリカや同時代ヨーロッパでおこなわれていた子育て慣習を中心に概観し、子どもという存在がこの時代、どのように捉えられていたのかをまずは考えていく。

アリエスの時代区分によれば、17世紀から18世紀、つまりアメリカの植民地時代にあたる時期は、近代的子ども観がほぼ成立する時期にあたる。近代的子ども観とは、一般的に、ルソーの子ども観に代表されるような、大人とは区別された固有の価値を持つ存在として子どもを捉え、子ども期を、肉体的にも精神的にも特別な配慮と教育を必要とする時期としてみなす子ども観である。現代に生きる私たちも、ほぼこの子ども観を前提に、子どもへの関わりや働き

10章　子どもたちの多様な学びと育ち―植民地時代アメリカ社会の子ども―

かけ、教育に多大なエネルギーを注いでいる。しかし、当然、200年以上前の子ども観が私たちの子ども観とまったく同じであるという訳ではなく、子どもへの特別な配慮や教育のあり方も異なっている。

　まず、生まれたばかりの子どもに対しておこなわれていたのが、子どもを包帯のような布地でみの虫のようにぐるぐる巻きにするスウォッドリングという育児慣習である。階級を超えて広くおこなわれていたこの慣習は、ヨーロッパの古い絵画にもしばしば登場する。首も据わらない年齢の時から、子どもを身動きができないほどきつく縛るこの慣習は、しばしば子どもたちの骨や筋肉の発達を妨げ、排便や排尿によって汚れた布は子どもたちを伝染病の危険にさらしたとされる。『エミール』の中で、スウォッドリングをはじめとした、子どもの活動を妨げる窮屈な衣服を、子どもの「自然」に反し、不衛生だとしてルソーが痛烈に批判したことは有名な話である。

　では、なぜ人々はこのような慣習を続けていたのか。スウォッドリングが広がった理由についてはさまざまな解釈があるが、親が仕事場に持ち運びやすいように、また動物や害虫、暖炉の火など、子どもが自由に歩き回ることによって遭う危険から、子どもの身を守り、養育者の手間を省くために、といった当時の人々の生活条件からくる物理的な理由がまずはあった。

★図10-1　スウォッドリング

第4部　変容する子どもへの眼差しと学びの場—アメリカを中心に—

★図10-2　スウォッドリング（1721-7）

　もう一つ、スウォッドリングが行なわれていた大きな理由として、生まれたばかりの子どもを見るキリスト教独特の眼差しがあったとされる。乳幼児が動物のように四足歩行するはいはいを嫌い、スウォッドリングによって真っ直ぐとした姿勢に矯正することで、できるだけ早く人間らしい直立二足歩行をできるようにと人々は考えたのである。動物と人間とを厳然と区別し、未熟な生き物である子どもを、いち早く人間らしい姿に、そして人間の世界に定着させるよう働きかけねばならないという子ども観が、このような子育て慣習を支えていた。また、動物的であるという同じ理由で言えば、母親が子どもにお乳を与える姿が乳牛を想起させるとして、ヨーロッパの貴婦人たちに母乳育が忌避されていたことも、ここで付言しておこう。
　植民地時代のアメリカでは、スウォッドリングはヨーロッパほどまでには広がっていなかったともされているが、まだ一人では到底歩くことのできない幼児を二足歩行させるための歩行器や、子どもの衣服に取り付けられたひもを大人が後ろから引っ張って歩行を支えるつたいひもの利用など、スウォッドリングと同様の子ども観に支えられた子育て慣習は18世紀末になるまで続けられていた。また植民地時代のアメリカで描かれた子どもの肖像画を見ると、コルセットや立ち襟など、体の姿勢を矯正する窮屈そうな洋服に身を包んだ子ども

10章　子どもたちの多様な学びと育ち—植民地時代アメリカ社会の子ども—

たちの姿が描かれている。子どもの動きやすさや快適さ、発達段階に沿った歩行訓練よりも、いかに早く、人間らしい、大人と同じような振る舞いをさせることができるかが重視されていた。大人の洋服をただ小さくしただけの窮屈そうな子どもの洋服は、大人を基準として、子どもを不完全で未成熟な「小さな大人（miniature adult）」として見る、この時期の子ども観が反映されている。

　子どもの洋服と子ども観との関係に関して、もう一点、ここで理解しておかなければならないことがある。それはこの時代において洋服は何よりも、年齢や性別、社会的地位を明示するものであったという点である。アメリカで1750年以前に描かれた肖像画を分析した研究[2]によれば、当時の人々の服装は大きく分けて、膝丈の半ズボンと、足首までのペティコートの二種類に分けられる。しかし、この違いは前者が男性、後者が女性といった、単純に性別によるものではないという。肖像画に描かれた男児は生まれてから6歳から7歳ぐらいまでペティコートに身を包み、その後、半ズボンへと移行する。それに対して女児は、多少の変化はあれ、基本的には子どもから成人になるまでペティコート姿で描かれる。つまり、ペティコートは女性と子どもが身につける衣服であり、半ズボンは成人男性の衣服とされていたのである。

　その違いはそのまま社会的に従属的立場にあるものの服装と、社会や家庭において統治者的立場にいるものの服装の違いに読み替えられた。男児は7歳前後になると、「女性性」と「子ども性」という従属的立場にあるものの象徴としてのペティコートから、統治者側の成人男性の象徴である半ズボンへと移行するのであ

★図10-3　子どもの洋服（1670）（左側は男児、右側は女児）

る。一度半ズボンへと移行した男児は、決してペティコートを着ることはなく、それ以後は成人男性と同じ洋服に身を包んだ姿で描かれた。ペティコートから半ズボンへの移行は、男児にとって、従属的立場から統治者側の世界へ、未熟な人間から大人への通過儀礼でもあったのである。

　ここで紹介した肖像画はいわばイメージ化されたものである。肖像画に描かれる子どもはたいてい富裕層の子どもであり、出身階層を顕示するような家具や将来の職業を暗示するような小物などと共に、ポージングをとって描かれている。

★図10-4　子どもの洋服（1753）
左側は3歳の男児、右は女児）

しかし、そのことからむしろ私たちは、当時の人々にとって、年齢や性別、社会的地位が、人間を見る際にいかに重要であったかを読み取らねばならない。実際、植民地時代のアメリカでは、男性が女性の服装をするといったことや、身分不相応な衣服を身につけることは、社会の秩序を脅かし、人々に混乱を招く危険な行為とみなされた。子どもでも大人でも、その人間が社会においてどのような位置にあり、またいかにその位置にふさわしく振る舞うかが重要であった。衣服はそれを判別するものだったのである。かわいらしさや活動のしやすさといった、現代の私たちが子ども服に求める子どもらしさを備えた子ども服が、アメリカで登場するのは19世紀になってからのことである。

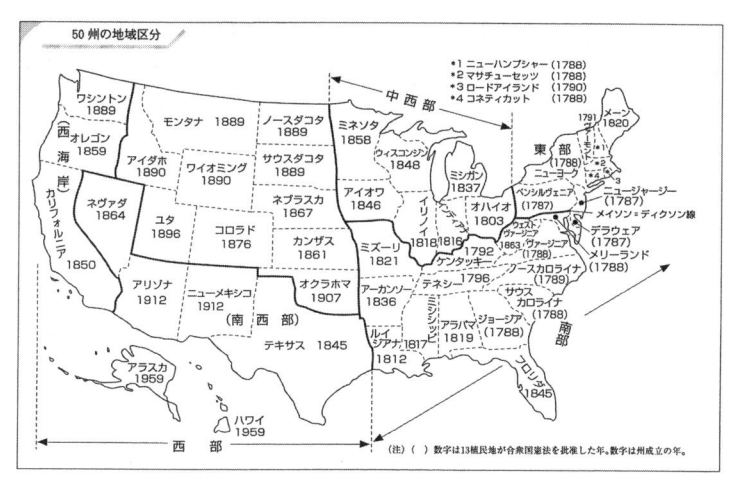

10章　子どもたちの多様な学びと育ち—植民地時代アメリカ社会の子ども—

★図10-5　アメリカの50州

3　信仰共同体の担い手としての子ども

　17世紀のヨーロッパ諸国による植民地の創設から本格的に始まるアメリカの歴史（図10-5参照）は、北部（北東部）、中部、南部植民地と、その自然環境や移住してきた人々の出身国、移住理由によって大きくその様相が異なっている。ネイティブ・アメリカンや奴隷として連れてこられた黒人の人々の生活も合わせると、その多様性は限りない。そして当然、子育ての様相や子ども観も同様に多様であった。そのことを念頭におき、以下植民地期アメリカの子どもたちの学びと育ちを見ていく。ここからはまず、17世紀北部ピューリタン社会の信仰生活と子どもの教育を見ていくことにしよう。

　17世紀に北アメリカ大陸に移住した人々の中で、子どもの教育に最も早くから熱心に取り組んだとされているのが、マサチューセッツなどの北部植民地にイギリスから入植したピューリタンの人々である。1620年に、後に「ピルグリム・ファーザーズ（Pilgrim Fathers）」と呼ばれる一行がプリマスに上陸したことを端緒とする彼らは、神に選ばれし者たちによる信仰共同体を建設するという、明確な宗教的理想を掲げていた。プロテスタントの中でもカルヴィニズムの立場を取る彼らは、人間は生まれながらに罪を背負っているとする

原罪観（original sin）を基盤に、神からの救済を確信する回心（conversion）の体験に向けて、日々厳格な信仰生活を送っていた。子どもの教育については、厳格な子育てと徹底した聖書教育を実践したことで知られ、マサチューセッツ湾岸植民地では、すべての子どもへの教育を親や親方に義務づけた教育法が1642年に制定されている。

　神による赦しはあらかじめ神が決定している、という予定説の立場に立つ彼らにとって、その赦しの確信もしくは証明である回心体験は、人生において欠かしてはならないものであった。日々の信仰生活すべてが、回心に向けた準備であったといっても過言ではない。特に植民地初期には、回心を体験した人のみ正式な教会員として、共同体の意志決定機関であるタウン・ミーティングに参加することができるとされていたため、なおさらであった。そのため、人々は日々回心に向け、聖書を読み、教会で牧師の説教を聞き、与えられた職で勤勉に働き、禁欲的で質素な生活を営み、自身の生活を常に内省しながら人間の罪深さと無力さを自覚する、こういった信仰生活を過ごしていた。

　彼らの信仰生活、もしくは世界観を形成していたのが、日曜日や葬式、選挙などの際に牧師たちによって説かれる説教であった。人間の罪深さや神の偉大さ、そして回心に向けた具体的な宗教実践や、回心を体験せずに死ぬことの恐怖を、訓練された迫力ある口調で説く説教は、ピューリタン社会の人々にとっては生きる教科書とも言えるものであった。この時期には、ジョン・コトン（John Cotton、1584－1652）やリチャード・マサー（Richard Mather、1596－1669）、インクリース・マサー（Increase Mather、1639－1723）、コットン・マサー（Cotton Mather、1663－1728）といった著名なピューリタンの牧師たちが活躍し、多くの説教を残している。また、北部植民地には彼らのような牧師を養成する養成機関として、ハーバード大学（1636年創立）やイェール大学（1701年創立）が早くに設立されている。

　このような世界に生きるピューリタンの人々にとって、子どもの教育とは、何よりも子どもを回心に導くためのものであった。彼らが強調する原罪観からいけば、生まれたばかりの人間、すなわち子どもは罪にまみれた存在であり、洗礼を施すとはいえ、そのまま放っておくと確実に地獄へと近づく存在であった。親たちに向けて説かれた牧師の説教には、「神の怒り」「悪魔」「邪悪」「堕

落」といった言葉が並び、回心を体験せずに堕落していく子どもたちの姿が強調され、回心体験の重要性が説かれている。そのため親たちには、子どもが自分の意志の存在に気づき、傲慢でわがままになる前に、その邪悪な「意志を砕く（break the will）」ことが求められた。それゆえに、そこでは鞭をも惜しまない早期からの厳格な躾が推奨されたのである。子どもたちに死の恐怖や地獄を意識させながら神の偉大さと人間の罪深さ、無力さを教え、回心にまで導く、これが彼らの躾であり、教育であった。

　ピューリタン社会において、子どもの教育に第一義的な責任を負っていたのは、父親であった。母親の責任は子どもが幼い頃の世話に限られ、むしろ、母親は感情や誘惑に流されやすい「弱き器（weaker vessel）」という女性観から、子どもを甘やかす、躾には不向きな存在とされた。父親には子どもだけでなく、妻や使用人を含む家族全員を管理、統制、教育する義務があり、家族における父親の権威は絶対であった。若者の単身での移住が多かった中部植民地や、奴隷制という特殊な形態をとった南部植民地に比べ、家族単位での移住が多かった北部植民地は、他の植民地に比べても父親の権威が大きかったとされる。

　加えて、父親の権威はピューリタンが重視する家庭礼拝において一層絶対的なものへと高められた。教会で説かれた難解な説教や聖書を、妻や子ども、使用人などの家族の前でわかりやすく読み、伝える父親は、家における牧師、もしくは神の言葉の代弁者として権威づけられた。家族を宗教的に導く父親には、大きな期待と役割、そして義務が課せられたのである。当時の親たちに向けられた説教には、子どもを回心に導くことができない親は、親自身が体験したとされる回心さえも疑わしいと説くものもあり、子どもの教育が親の人生までをも左右する重要事項とされていた。

　北部ピューリタン社会の子どもたちの育ちの場としてもう一つ欠かすことのできないのが、徒弟制（apprenticeship）である。ピューリタンの人々にとって、回心と並ぶ重要な目標が、神から与えられた「天職（calling）」を全うするというものであり、勤勉な労働も信仰生活の重要な要素であった。そのため子どもは7歳頃になると、それぞれにあった職業の親方（master）の元に徒弟（apprentice）として出され、親方の元で技能を学びながら生活した。7歳

という年齢は前節で述べたように、女性の衣服から男性の衣服へと移行する時期であり、大人の世界へと足を踏み入れる時期であった。子どもは7歳頃を境に、「小さな大人」として、大人の世界である労働の場に組み入れられ、育っていったのである。

ヨーロッパの徒弟制と同じく、北部ピューリタン社会の親方にも、職業的技能の訓練だけでなく、徒弟に衣食住を保障する義務があった。加えて、北部ピューリタン社会の徒弟契約では、親方による宗教教育や読み方教育、もしくは学校に子どもを通わせることも盛り込まれていた。つまり、親元を離れた徒弟の教育は、親方の責任によってなされることが期待され、むしろ、甘やかしを許さない厳格な躾と教育は、実の親ではなく、他人である親方に任せた方がよいとさえ考えられていた。親方と徒弟は「擬似親子」的な関係を取り結んだのである。

以上のような彼らの教育観は、1642年にマサチューセッツ湾岸植民地で出された子どもの教育に関する法に端的に表わされている。

> 本議会は、多くの両親や親方達が子どもたちに共和国の利益となる学習や労働、そして彼らの仕事について訓練することを怠っている状況を鑑み（中略）この目的のために、タウンの委員には、親や親方達、そして子どもたちについて、彼らの天職や雇用の状況、また特に宗教の諸原理やこの国の主要法令を読み、理解する能力に関して、確認をおこなう権限が与えられる。また、彼らが確認を求めた際、それを拒否した者に罰金を科す権限も与えられる。[†3]

この教育法は、すべてのタウンに、子どもたちの教育を監視するよう義務づけたアメリカ初の義務教育法と位置づけられている。また、上記に続く部分では、子どもにふさわしい教育を与えることのできない両親や親方がいた場合、子どもを別の親方の元に徒弟に出す権限もタウンの委員には認められている。この後、1647年に出された教育法では、50世帯に一つの割合で読み書きを学習するための学校を設置すること、またそこで教える教師を雇用すること、そして100世帯に一つの割合でグラマー・スクールを設置すること、これらが各タウンに義務づけられる。この時代、学校はあくまでも子どもを十分に教育できない親や親方のための補完物ではあったが、1642年の教育法と、各タウンに学校設置を義務化した1647年の教育法は、アメリカ教育史における一つの画期として捉えられる。その後、この二つの法を手本に、1650年にはコネテ

10章　子どもたちの多様な学びと育ち—植民地時代アメリカ社会の子ども—

ィカット植民地で、1655年にはニューヘブン植民地で同様の教育法が制定されていった。

　北部ピューリタン社会の子どもたちの学びについて、その学びの内容で指摘しておかなければならないのは、彼らの教育における読みの重要性である。上に引用した教育法にも、「特に宗教の諸原理やこの国の主要法令を読み、理解する能力」と、読むことの重要性が強調されている。聖書中心主義を唱える彼らにとって、読むことは信仰生活の基本であり、また法令の遵守も信仰共同体を維持していくためには当然不可欠なものであった。したがって教会や家、学校などで行なわれる子どもの教育は、すべて読み教育から始まった。

　子どもたちの学習は、ホーンブックと呼ばれるアルファベットが書かれた木製の教具でアルファベットの形と発音を学ぶことから始まった。その後、プリマーと呼ばれる初歩読本で、音節や単語、簡単な文章へと学びを進める。そして、カテキズム（教理問答書）や詩編、新約聖書、旧約聖書と進み、文字と共に、宗教的色合いの濃いテキストを通じて、宗教原理を学んでいった。印刷物が乏しかった植民地初期には、牧師によるカテキズムなどもテキストとして使用されたが、17世紀末には『ニューイングランド・プリマー』（The New England Primer）が出版され、植民地時代アメリカで最も読まれた教科書として、他の植民地でも使用されていった。

　ここまで見てきたように、17世紀北部ピューリタン社会の人々にとって、子どもとは汚れた未熟な存在であり、できるだけ早く大人の労働の世界へと、そして神からの赦しの証明である回心へと導かなければならない、「小さな大人」であった。その一方で、彼らにとって子どもは、自分たちの信仰共同体の担い手として、教会、家族、共同体が一体となり、慎重に、また厳しく教育していくべき対象でもあった。教会での牧師による説教と家での父親による礼拝、そして親方の元での職業教育と、教会や家、

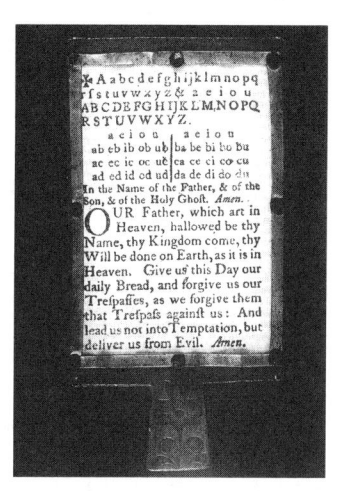

★図10-6　ホーンブック

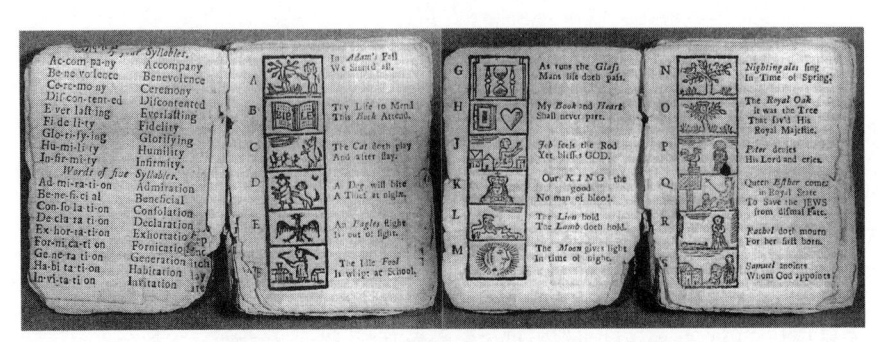

★図10-7　ニューイングランド・プリマー（1727）

学校で行なわれる聖書教育、これらが互いに補完し、補強しながら、子どもたちの学びと育ちを支えていた。

　彼らの子ども観は、現代の私たちが「子どもらしさ」として持つイメージとは大きく異なる。しかし、信仰共同体の担い手として子どもに強い関心を寄せる彼らの子ども観や教育観が、タウン内のすべての子どもたちに教育を保障することを義務づけた1642年の教育法の背景にあったことは、アメリカ教育史を学ぶうえで記憶しておくべきことである。ただし、17世紀末以降になると、第一世代の人々はこの世を去り、回心を体験できない若者の増加や、商業経済の流入による社会の流動化、人々の移動といった社会の変化は、次第に北部ピューリタン社会の信仰共同体としての凝集性を低下させていくことになる。

4 他家で働く子どもたち

　公教育制度の整備されていない植民地時代アメリカの子どもたちを語るうえで、欠かすことのできないのが、子どもと労働との関係である。子どもたちの生活の大部分が学校での時間に費やされる現代の子どもとは違い、植民地時代の多くの子どもたちの生活とは、すなわち、働くことであった。グラマー・スクールと呼ばれる中等教育機関でラテン語やギリシャ語などの文法と古典教養を学び、高等教育機関にまで進むのは、将来牧師や医者、法律家などの専門職に就くことをめざす富裕層の子どもに限られていた。18世紀の半ばには、よ

り実用的な知識と技能を教授するアカデミーなどの中等教育機関も登場してくるが、それでも多くの子どもたちは、農作業の手伝いや工房での仕事の合間に簡単な読み書きを学ぶといった程度であった。

　本節では、このような働く子どもたちの姿を通して、また徒弟制度や年季奉公人制度といった労働慣習を通して、子どもたちの育ちと労働との関係、そして子どもにとっての家族の意味について考えていく。なおここでは、植民地の中で最も多文化的、多宗教的な社会が形成されていた中部ペンシルヴェニア植民地に焦点を当て、人口の大部分を占めていた移民や、都市の貧困層の子どもたちを中心に、働く子どもたちの生活を見ていくことにする。

　働く子どもたちの生活を見ていくにあたり、まずは下記の史料を読むことから始めよう。

> この本好きの性質を見てとって、父はついに私を印刷屋にすることに決めた。この商売にはすでに息子が1人（ジェイムズ）なっていたのだが。1717年、私の兄ジェイムズは印刷機と活字をもってイングランドから帰り、ボストンで商売を始めていた。私は父の商売よりはこのほうがずっと気に入ったが、海への憧れは相変わらずつづいていた。こういう気持ちが嵩じたらどうなることかと心配に思い、父はしきりと私を兄のところで年季奉公させようとした。私はしばらくは頑張ってみたが、とうとう説き伏せられて、年季契約書に署名した。この時私はまだやっと12歳であった。契約によると、21歳になるまで見習の資格で勤めねばならず、そのうちやっと最後の1年だけ一人前の職人並みの給料が貰えるはずになっていた。やがてじきに私は仕事がよく分るようになり、兄には重宝な人間になった。[†4]

　上に引用したのは、アメリカ人もしくは近代人の典型ともされるベンジャミン・フランクリン（Benjamin Franklin、1706－1790）の自伝の一節である。1706年にマサチューセッツ湾岸植民地のボストンに生まれた彼は、この引用にあるように、12歳の時に、印刷屋の兄の元に見習いに出される。自伝によれば、それ以前に彼は、8歳の時にグラマー・スクールに入学し、牧師をめざして勉強を始めるが、1年足らずで読み書き算術学校へと移り、10歳になると父親の手伝いを始めている。父親が当時やっていたのは、獣脂蝋燭や石鹸の製造であり、彼はそこで蝋燭作りをしばらく手伝った後、父親の勧めで指物師、煉瓦師、挽物師、真鍮細工師などさまざまな親方の仕事を見学するが、最終的には刃物職人をやっていた伯父のところに見習いに出される。しかし、年季契約書の内容で折り合いがつかず、上記に引用した兄の印刷所で見習いとなり、

結局17歳まで兄の下で働く。そして最終的には兄の下も飛び出し、フランクリンはペンシルヴェニア植民地の中心地フィラデルフィアで印刷工となった。

フランクリンがその後、印刷業者、科学者、政治家などとして活躍し、彼の自伝や、彼の『貧しいリチャードの暦』（Poor Richard's Almanac）（1732）が、富の蓄積をめざして勤勉かつ質素倹約に務める資本主義社会の人間の生きるべき道として、日本を始めとする世界中で広く読まれたことは、よく知られたことである。

彼は若者の教育についても、「有用な知識を普及させるための提言」（1743）や「ペンシルヴェニアにおける若者の教育に関する提言」（1749）というパンフレットを発行し、後にペンシルヴェニア大学となるフィラデルフィア・アカデミーを1751年に設立している。またそのアカデミーは、それまでの牧師養成を目的とした古典教養中心のカリキュラムとは異なる、実用的、科学的学問がカリキュラムに組み入れられた当時としては新しいタイプの教育機関であった。

★図10-8　ベンジャミン・フランクリン

フランクリンの例にあるように、植民地時代に生きた多くの子どもたちは、職業技能を身につけながら親方や主人の下で一定期間暮らす奉公人（indenture servant）や徒弟として、まずは労働の世界に入っていった。フランクリンの場合は、グラマー・スクールと読み書き算術学校での勉強の後に労働の世界に入っているが、それでも10歳という年齢である。現代に比べると格段に早い年齢で、親元を離れ、労働の世界へと入っていたことがわかる。

徒弟や奉公人として他家で働き始める年齢や期間については、17世紀北部ピューリタン社会では7歳頃から13歳頃ぐらいまでの期間、徒弟として修行に出されたとされているが、他の多くの植民地では10代半ばに契約を結び、男児なら21歳まで、女児なら18歳までの期間、奉公するのが一般的であった。徒弟と奉公人の違いについては、奉公人の方が対象職種や奉公期間も多様であったとされているが、ヨーロッパの徒弟制度のようにギルドによる監視がなかったアメリカにおいて、その区別は厳密ではなかったようである。契約形態や

10章　子どもたちの多様な学びと育ち―植民地時代アメリカ社会の子ども―

契約内容についても、宗教教育や読み方教育といった教育的要素や、特定技能の習得が徒弟契約に盛り込まれ、親や治安判事の監視の下で結ばれる厳密なものから、衣食住の保障と労働期間について口約束で交わしたもの、また親が育てることのできない貧困家庭の子どもや孤児を救済するため、治安判事が親方の下に子どもを預ける救貧徒弟まで、さまざまであった。

　植民地時代アメリカの徒弟や奉公人制度を語るうえで忘れてはならないのは、ヨーロッパからの移民の存在である。植民地時代には、イングランド、スコットランド、アイルランド、ドイツなどからの移民が流入したが、その多くは本国で行き場を失った人々であった。家族の土地を相続できずに新天地に成功を求めた次男、三男や、当時イギリスの流刑地であった北アメリカ大陸に強制的に奉公人として送られた犯罪者、また身寄りのない孤児や、凶作で食べ物に困った家族、そして宗教的迫害を受け自由を求めて移住してきた人々などである。彼らは相対的に貧しく、その半数以上は、上陸後、大人も子どもも奉公人として生活を始めたとされる。職業技能を持った人材や、南部のプランテーションなど労働力となる人材が不足していた植民地に、これらの背景を持った人々が奉公人として移住し、アメリカという国は創られていった。

　ではここで上陸後の移民の生活を覗きながら、働く子どもたちの生活をもう少し見ていくことにしよう。18世紀に北アメリカ大陸に奉公人として移住してきた人のうち、イングランドやスコットランド、アイルランドからは主に10代後半の若者が単身で上陸した。彼らは18歳もしくは21歳まで、すでにその年齢を超えていれば1年から4年の奉公人契約の下、主人の家族と生活しながら働いた。そして、年季明けにもらう多少の給金を元手にフロンティアなどで土地を獲得し、新たな家族を形成していった。「ライフ・サイクル・サーヴァント（life cycle servant）」とも言われるように、若者時代の一時期を奉公人や徒弟として他家で生活することが一般的だったイギリスから、より良い条件を提示する主人と、独立できる環境を求めて、彼らはアメリカ大陸に移住してきていた。

　一方、家族単位で、ペンシルヴェニアなどの中部植民地に多く上陸したのがドイツ系移民の人たちであった。ジャガイモ飢饉や宗教的迫害を理由に、家族単位や村単位で移住してきた彼らは、上陸後、自分たちのアメリカまでの船賃

を払ってくれる主人を見つけ、その主人に奉公人として買われる形でアメリカでの生活を始めた。しかし、家族が共に暮らせるという保障はなく、1750年代にペンシルヴェニアに滞在したドイツ人は、上陸後のドイツ人家族について以下のような記述を残している。

> 彼らの健康状態や年齢状態によって、成人は契約書によって3年から4年、もしくは5年から6年の間、奉公に入ることとなる。そして、10歳から15歳の若い人々は、彼らが21歳になるまで奉公しなければならない。（中略）多くの親達が自分達の船の代金をこのような方法で払うために、また船を下りるために、まるで子どもたちを牛のように交換し、そして売り払わなければならなかった。父親や母親は、どこのどの主人のもとに自分たちの子どもが売られていくことになるのか知ることはなかった。そして、しばしば、船を離れたその直後から親と子どもたちは長年の間、お互いに合うこともなく、場合によっては、残りの人生において永遠に会うことができないということもあったのである。[†4]

このように売買される奉公人は、「白人奴隷（white servitude）」とも呼ばれ、ここにある風景は、独立革命以前のペンシルヴェニアではしばしば見られた風景であった。そして売買される対象は、大人だけでなく子どもも例外ではなかった。労働力になりそうな子どもは奉公人として契約を交わし、主人に買われていったのである。そして引用にもあるように、港での別れがその家族にとって永遠の別れになることもあった。

親方と徒弟、主人と奉公人との関係は、「擬似親子」的な側面がある一方で、契約書に謳われた宗教教育（本国での宗教的迫害から逃れてきたキリスト教少数派の移民の親にとって、子どもの宗教教育は最も気がかりなことでもあった）や職業訓練が、契約通りに円満にいくとは限らなかった。契約内容の不履行や主人の暴力、奉公人の怠慢や逃亡など、しばしば契約は破棄された。中には次の引用にあるように、主人の下から逃亡し、離ればなれとなった家族に会いに行く奉公人の姿もあった。

> ランカスターの居酒屋経営者フレデリック・ギザーの下からキャサリーン・エリザベス・オチリヤーという13歳か14歳ぐらいのドイツ人少女が逃亡。（中略）彼女は主人から父親に会いに行くために自由をもらった。その父親は肉解体業を職とするジョン・ジェイコブ・オチリヤーという人物であり、おそらく彼は彼女を連れてニューヨークへ行ってしまった。その父親は年老いた男性で年齢は50歳ぐらいである。[†6]

10章　子どもたちの多様な学びと育ち―植民地時代アメリカ社会の子ども―

★図10-9　逃亡奉公人の新聞記事（1772）

　当時の新聞には、主人の下から逃亡した徒弟や奉公人を、懸賞金をかけて探す記事が多く掲載されている。奉公人の年齢や出身国、衣服、逃亡理由などが記述されたそれらの記事からは、異なる言語や宗教を持つ人々が一つの世帯として同居していた多文化的な状況が確認できる。また、実の家族ではない人々と共に労働しながら、暮らし育つ子どもたち、若者たちがこの時代には多く存在したことも確認できる。前節の北部ピューリタン社会で見たような信仰を中心とした家族とはまた異なる家族生活がここには広がっていた。むしろ、多文化社会アメリカの最大の教育課題である、宗教や文化の対立点としての教育、という可能性が中部植民地にはすでに見られていた。

　ここまで中部植民地を中心に、奉公人として働く子どもたちの姿を見てきた。公教育制度が成立する以前、多くの子どもたち、特にそれほど裕福でない子どもたちの少年期から青年期までの生活の大半は、学校や家庭ではなく、他家での徒弟生活や奉公人生活によって構成されていた。親方家族の下で訓練し、働きながら、子どもは一人前になるまでの期間を過ごした。また、移民を始めとする貧しい子どもたちはしばしば労働力として扱われ、他家に引き取られた。

実の家族とは異なる家族の下で、子どもが労働しながら育つことを許容するような子ども観や家族観がこの時代にはあったのである。

しかし、それは裏を返せば、子どもたちの教育や職業的訓練を、現代のように親がすべて抱え込むのではなく、また、学校での学習が子どもの生活の大部分を占めるのではない、子どもたちの育ちと学びの世界、そして家族の姿がこの時代にはあったとも言える。現代の感覚からすれば容易には理解しがたい点もあるが、私たちが常識として持っている価値観が、決して常識ではなかった時代があったことは少なくとも感じ取れたはずである。

本章では、子どもの生活の中心がいまだ学校という場所ではなかった時代の子どもたちの生活を、当時の子ども観や家族観、教育観に触れながら見てきた。子どもと大人の区別が明確でなく、公教育制度も整備されていないこの時代、子どもたちは「小さな大人」として、早期から労働の世界へと入っていった。また子どもたちへの眼差しも、未熟で邪悪な人間として、信仰共同体を担う存在として、そして労働力として、と現代の私たちとは異なるものであった。一方で、子どもの将来を案じて厳しく躾る親たち、家族の絆を追い求める人々の姿もそこにはあった。本章で扱うことのできなかった南部のプランテーションで暮らす家族、厳しい自然との戦いであったフロンティアでの生活、そして黒人奴隷やネイティブ・アメリカンの人々の生活にも、また異なる子ども時代と家族生活が植民地時代には広がっていたのである。

【引用文献】

†1 フィリップ・アリエス 杉山光信・杉山恵美子訳 1980 ＜子供＞の誕生—アンシャン・レジーム期の子供と家族生活— みすず書房 122頁

†2 Calvert, Karin. 1982 "Children in American Family Portraiture, 1670 to 1810" *The William and Mary Quarterly* Vol.39（January, 1982）

†3 Bremner, Robert H. (ed.) 1970 *Children and Youth in America: A Documentary History Volume I, 1600-1865*. Harvard University Press. pp.39-40.

†4 ベンジャミン・フランクリン 松本慎一・西川正身訳 1957 フランクリン自伝 岩波文庫 22-23頁

†5 Mittelberger, Gottlieb (edited and translated by Oscar Handlin and John Clive) 1960 *Journey to Pennsylvania*. Belknap Press. pp.17-18.

†6 *Pennsylvania Gazette*（1755.11.20）in Meaders, Daniel comp. 1993 *Eighteenth-century White Slaves: Fugitive Notices* Greenwood Press. p.438.

【参考文献】

大西直樹　1997　ニューイングランドの宗教と社会　彩流社
川北　稔　2008　民衆の大英帝国―近世イギリス社会とアメリカ移民−　岩波書店
藤本茂生　2002　アメリカ史のなかの子ども　彩流社
Calvert, Karin. 1982 "Children in American Family Portraiture, 1670 to 1810" *The William and Mary Quarterly* Vol.39（January, 1982）pp.87-113.
Fogleman, Aaron S. 1998 "From Slaves, Convicts, and Servants to Free Passengers: The Transformation of Immigration in the Era of the American Revolution" *The Journal of American History* Vol.85（June, 1998）pp.43-76.
Mintz, Steven 2004 *Huck's Raft: A History of American Childhood*. The Belknap Press of Harvard University Press.
Monaghan, E. Jennifer 2005 *Learning to Read and Write in Colonial America* University of Massachusetts Press.

【図表・出典】

★図10-1、10-2　エリカ・ラングミュア　高橋裕子訳　2008「子供」の図像学　東洋書林　156-157頁
★図10-3 Mintz, Steven 2004 *Huck's Raft: A History of American Childhood* The Belknap Press of Harvard University Press, p.18.
★図10-4 Calvert, Karin. 1982 "Children in American Family Portraiture, 1670 to 1810" *The William and Mary Quarterly* Vol.39（January, 1982）p.88.
★図10-5　有賀夏紀・油井大三郎編　2003　アメリカの歴史―テーマで読む多文化社会の夢と現実―　有斐閣アルマ　26頁
★図10-6、10-7 Monaghan, E. Jennifer 2005 *Learning to Read and Write in Colonial America* University of Massachusetts Press. p.83, pp.102-103.
★図10-8　ベンジャミン・フランクリン　松本慎一・西川正身訳　1957　フランクリン自伝　岩波文庫
★図10-9　*Pennsylvania Packet*（1772. 8. 14）

4部 変容する子どもへの眼差しと学びの場―アメリカを中心に―

11章 公教育制度の成立と子どもへの新たな眼差し

章のねらい　すべての子どもたちの教育を保障する公教育制度が成立するためには、まずは社会がすべての子どもたちを教育すべき対象としてみなすことが前提となる。そして人々が、めざすべき人間像や社会像を共有し、それに向けた時間的、金銭的負担は惜しまない、とする共通理解が成立しなければならない。では、アメリカ社会において以上の条件が整い、公教育制度が成立するのはいつ頃のことなのであろうか。本章では、以上の問いを考えながら、18世紀末から19世紀半ばまでの変容する子ども観や家族観、教育観を見ていくことにする。

1　独立革命直前期の社会と子ども

　アメリカにおいて、公教育制度に関する議論が初めて浮上するのは、独立革命期のことである。1763年の七年戦争（フレンチ・インディアン戦争）の終結を契機に、イギリスは植民地に対する課税と統制を強め、それに反発した植民地側はイギリスからの独立をめざして独立戦争を始める。そして1776年の独立宣言で、アメリカはイギリスからの独立を果たした。

　独立後のアメリカでは、国民教育制度案と呼ばれる公教育制度構想が当時の政治家や知識人から次々に発表され、新しい学校教育の枠組みが提案される。国民教育制度案の中身については次節で検討するが、ここでは独立革命直前期の学校教育の状況と子どもたちの姿をまずは確認しておくことにしよう。

　まず、高等教育機関についてであるが、植民地期アメリカには、富裕層の子弟向けの高等教育機関がいくつか存在していた。北部植民地のハーバード大学（1636年創立）とイェール大学（1701年創立）の他に、ヴァージニアにはウィリアム・アンド・メアリー大学（1693年創立）が創設されている。それらの大学は各教会が牧師養成を主目的として設立したもので、カリキュラムのほぼすべてが、ラテン語やギリシャ語で書かれた聖書および古典教養の習得で占められていた。また、中等教育機関として、古典語文法の基礎を学ぶグラマー・スクールが存在し、大学の予備教育機関として、富裕層の子弟の教育にあたっ

ていた。18世紀後半には、前述した大学の他にもいくつか大学が設立されるが、富裕層の若者たちの中には、グランド・ツアーのように、スコットランドやフランスなどヨーロッパの大学へと留学し、教育を受けるものも多かった。

　古典教養重視の学問観が支配的である中、18世紀も後半になると、フランクリンが設立したアカデミーのように、近代科学や医学といった実用的学問を教える新しい教育機関も少しずつ登場し始め、大学の中にはそれらを教えるものも出てくる。また、フランクリンはアメリカ最古の学会ともされる「アメリカ哲学協会（American Philosophical Society）」の設立を1743年に提案し、図書館や博物館などの機能も備えた知識人クラブが登場する。イギリスの貴族階級的学問観に飽き足らない人々の教育ニーズを満たす場が、次第に登場し始めていた。また、雑誌や新聞、パンフレットなどの印刷物も人々の知的欲求を満たすものとなった。

　一方、女性たちはと言えば、富裕層の女性に限られるが、ダンスや音楽、絵画など、イギリスのレディとしてのたしなみを身につけることが重視され、それらを教える私塾も多数存在していた。しかし大学やグラマー・スクールなど、伝統的な教育機関への道はほとんど閉ざされていた。

　初等教育機関については、独立革命期以前のアメリカにおいて、すべての子どもが通うような学校は、タウンに学校設置を義務づけた一部の北部植民地を除いては存在していなかった。学校と言えば、教師の家や教会、集会所などを教場としたものであり、授業料を払ってそれらの学校に通う子どもたちについても、週に数時間もしくは農作業が少なくなる冬期のみ、読み方や書き方を学ぶ程度であった。また地域によっては、宗派学校を教会や住民たちが開設する場合もあったが、それらの学校での教育は自宗派の子どもたちを対象にした宗教教授が中心であった。宗派学校の中には、チャリティ・スクールとして、貧しい子どもたちを無償で受け入れる場合もあったが、イギリス国教会のように大規模なチャリティ・スクールはアメリカには存在しなかった。富裕層の子どもであれば家庭教師を雇って学ぶという方法がこの他にもあったが、そうではない子どもの多くは、学校に通うことなく10章で見たような生活を送っていた。またフロンティアなど人口密度の低い地域では、学校の設立自体、現実的ではない状況があった。いずれにせよ、系統的な学校教育制度など、植民地期

アメリカには存在しなかったのである。

　ここまで独立革命期以前の学校教育の状況を簡単に確認したが、ここからは独立戦争を経験した子どもたちについて少し考えていくことにしよう。1760年代になると、地域差はあるものの、アメリカ各地でイギリスとの対立が明確に見え始める。独立戦争が勃発すると、独立を支持する群衆は、自らを「自由の息子（Son of Liberty）」や「自由の娘（Daughter of Liberty）」と名乗り、若者は男女それぞれのやり方で独立戦争に参加していった。男の子の中には、10代前半でイギリス軍との戦闘に参加するものもおり、その多くが徒弟や奉公人として主人の下で生活していた若者たちであった。彼らはイギリス軍との戦闘に参加するため、しばしば主人の下を逃亡し、主人に服従を強いられるよりも、危険ではあれ、従軍することで自由を得ようとした。

　独立革命期の空気は、子どもたちや若者たちに、父親や主人の支配から自由となる機会を拡大したとされる。その理由としてあげられていることに、この時期、イギリスからの独立を正当化する際に使われた一つのレトリックがあった。独立革命期のアメリカでは、ジョン・ロック（John Locke、1632－1704）の『市民政府論』（1690）や『教育に関する考察』（1693）がよく読まれたが、その中でロックは、それまでイギリスの絶対王権を擁護する際に用いられてきた王権神授説と家族国家観を批判している。ロバート・フィルマー（Robert Filmer、1588－1653）らによって主張されたこの考え方は、家族内での父親の子どもに対する支配も、王による人民の統治と支配も、神によって定められた絶対的なものであるとした。したがって、王と人民、父と子のいずれの支配─被支配関係も神の権威によって正当化され、反駁できないものとされた。これに対してロックは、社会契約による市民国家論を提唱する。そして王が人民の自由と権利を保障しない場合、王と人民との契約は破棄しうるものとし、家族内においても、横暴な父親の子どもに対する抑圧的な支配は妥当性を欠くものとした。

　このようなロックの議論における父と子の関係は、まずイギリスとアメリカとの関係に置き換えられた。つまり、イギリスは、子どもであるアメリカを抑圧する横暴な父親として表象され、その父親からの独立をめざす子ども、すなわちアメリカの行為は正当化されていったのである。そして家族関係においては、絶対的権威を振りかざしてきた父親や主人の支配は、不当であれば破棄し

うるものと解され、父親の権威は疑問に付されることになる。もちろん、独立革命が父親や主人に従属するすべての人々、つまり、奴隷、徒弟、奉公人、子ども、女性を自由にしたかと言えば、もちろんそれほど単純ではない。しかし、独立戦争を契機に、アメリカではイメージとしてではあれ、父親の絶対的な権威は疑問視され、子どもや奉公人、奴隷に対する不当な支配は、非難されるべきものとなっていった。

一方、女の子もまた母親と共に、男性とは異なる形で独立戦争に参加した。

★図11-1　イギリスの課税に反対する若者たち（1784）

植民地に理不尽な税を課してくるイギリス政府に対して、イギリス製品不買運動などに参加し、アメリカ女性としての自覚と、一種の社会参加の実感を深めていったのである。しかし、独立戦争の犠牲者の多くもまた、子どもや女性たちであったことも忘れてはならない。

2　共和国市民としての子ども

独立革命期のアメリカは、地域的違いの中に、国家的統合という課題が初めて浮かび上がってくる時期である。植民地時代のアメリカは、北部、中部、南部、そしてフロンティアと多様な地域的特性を持ち、そこに住む人々の出身国も宗教も、言語も生活スタイルも異なる多様な人々の集まりでしかなかった。したがって、独立宣言をもってイギリスからの独立を成し遂げたアメリカの課題は、王政、貴族制、国教会制度などの特徴を備えた古い国家イギリスとは異なる、人民の手による新しい共和国の枠組みをいかに作るかであった。そして、その重要課題の一つとして、多様な13州からなる共和国を支えていく「アメリカ人」の育成が浮上してくる。ここにおいて、子どもは国を担う市民（「共和国市民（republican citizen）」として、新たな位置づけを与えられ、その

教育が初めて国家的議論となるのである。

　独立革命期以前の教育は、一部地域を除けば、制度的枠組みもない、教会や個々の教師による小規模で私的な教育機関が点在している状態であった。また高等教育機関や中等教育機関もヨーロッパ大陸の教育機関と比べれば乏しく、教育を受けていない多くの子どもたちの存在もそこにはあった。したがって、独立革命期に初めて出される公教育構想の課題は、これらの状況を、いかにアメリカ独自の国民的教育制度として作り上げ、「共和国市民」を育成していくかであった。

　独立宣言後、公教育構想として最も早い時期に出されたのが、トマス・ジェファソン（Thomas Jefferson、1743－1826）によるものである。独立宣言の起草者として知られ、アメリカ第三代大統領となる人物である。1779年にヴァージニア州議会に提出した「知識の一般的普及に関する法案」の中で、ジェファソンは住民への課税による公費で教師の給与をまかなう初等学校の設立を提案し、男女含めたすべての子どもに三年間無償で読み・書き・算術を教えることを提案している。また、初等学校を終えた後、才能のある子どもを選び、公費でグラマー・スクールそして大学へと進学させることを提案している。

　ジェファソンは、すべての子どもに知識を普及する必要性について、イギリスのような専制政治に陥らないために、人々を知識によって啓蒙する必要があると説く。そして次のように言う。

★図11-2
トマス・ジェファソン

> 公共の幸福を助長するためには、天賦の才能と徳をもっている人物が、人文的な教育によって、同胞市民のもつ権利や自由の神聖な預託を引き受け、そして保護できる価値のある人間になること、また彼らが富や出生あるいはその他の附随的な条件や環境にかかわりなく、そのような責務に要請されることが、得策となる。しかし、大多数の貧困者の子どもたちの中には、将来公共のために有用な人材となるように形成され、し向けられるのに適切な素質をもっている者があるのに、彼らは自分の費用でそのような教育を受けることができない。そこで、そのような子どもたちを探し求めて、すべての人々の共通な費用で教育することの方が、すべての人々の幸福を愚かな人間あるいは不正な人間だけに委ねておくことよりも、はるかにすぐれているのである。[†1]

このように、市民の幸福と権利、自由を保護していくためには、貧しい人も含め、すべての子どもに公費で教育を与え、その中で人民の代表となる才能と徳を持った人物を選び出し、彼らの手によって政治を行なっていくことが望ましいとジェファソンは考えていた。共和制という新しい政治形態を実現するために、すべての子どもたちへの知識普及が必要だったのである。その後もジェファソンは『ヴァージニア州覚え書』(1781～1785年)の中で、より詳細な公教育制度の構想を展開している。

　ペンシルヴェニアの著名な医者であるベンジャミン・ラッシュ（Benjamin Rush、1745-1813）も、この時期に公教育構想を発表した人物の一人である。独立宣言にも署名した彼は、公教育構想の他、貧困児教育や女子教育の振興も唱え、教育に関する多数のエッセイを残している。彼は1786年に「ペンシルヴェニア州における公立学校の設置と知識普及に関する計画—付・共和国にふさわしい教育の様態について、州議会および市民にあてて」を発表し、無償学校（free school）、アカデミー、カレッジ、大学と、初等教育から高等教育まで連なる教育制度を構想している。ラッシュの公教育論は、人間の自由や平等をめざすだけではなく、アメリカへの愛国心と、国家への義務と責任を有した共和国市民の育成をめざしたものであった。彼は子どもを「共和国の機械（republican machine）」にすることができるとも述べている。

　ラッシュは学校を通して人々に知識を普及する意味を以下のように述べる。

1　それは宗教にとって有益である。なぜなら、それは偏見・迷信・狂信を排除し、神についての正しい観念を助長し、そして神の御業についての知識を広げることに役立つからである。
2　それは、自由にとって役に立つ。自由な政府は、学問の平等な普及のもとにおいてのみ存在しうる。学問なくしては人は未開ないし野蛮となり、そして学問が少数の人々に限られているところでは常に君主制、貴族制、奴隷制を見るのである。
3　それは、法律や政治についての正しい観念を助長する。（略）
4　それは行儀作法（manner：筆者）にとって有益である。すべての国において、学問は教養を促し、社交と談話の喜びを助長する。（略）
5　それは、国家の富と幸福の偉大な基礎である農業を促進する。（略）
6　あらゆる種類の工業は、その発達を主として学問に負うている、——それゆえ、ヨーロッパ諸国の商工業の進歩は、それぞれの国における科学・技術教育の程度に応じている。[†2]

ラッシュは、学問の平等な普及が新しい政治形態の構築とその正しい理解に必要なだけでなく、農業や工業の振興によるアメリカの経済的発展においても不可欠であると考えていた。またそのために、商業や化学など、実用的な学問を重視している。加えて、他の公教育論者とは異なり、教育と宗教の結びつきを重視し、聖書による教育の重要性も主張している。

　アメリカの歴史やアメリカ英語の学習もこの時期の公教育構想では重視された。アメリカの英語学習用教科書として著名な『綴り方教本』(Spelling Book、1783) の著者ノア・ウェブスター (Noah Webster、1758－1843) も、ラッシュと同じく愛国心を強調した公教育構想を発表している。また、平等主義的な公教育制度を構想したロバート・コラム (Robert Coram、1761－1796) など、1780年代から90年代にかけて、出身国も職業も異なる人々が、新しい共和国にふさわしい教育の形態についてその案を発表している。またその多くの著者が、ロックやコンドルセの教育観、そしてスコットランド啓蒙哲学といったヨーロッパの啓蒙主義的人間観に影響を受けていたとされる。

　国民教育制度案と言われるこの時期の公教育構想は、知識の普及によって、貧困者も含めすべての人間の平等をめざすのか、それとも少数の優秀な子どもの教育を重視するのかといった「共和国市民」の定義に関わる部分や、学校における宗教の取扱いなど、論者により国家観や宗教観の違いはあった。しかし、知識の普及による人間の啓蒙が共和制という新しい政治形態には不可欠であり、公教育制度の構築を通した人民の「徳 (virtue)」や「道徳性 (morality)」、「マナー (manner)」の形成が、自由と平等、幸福の追求を旗印とするアメリカにとって急務であるとする信念は共有していた。

　しかしながら、独立革命期から建国期に出された公教育構想が、18世紀末に制度化されることはほとんどなかった。その理由については複数あるが、まず当時の政治的状況との関連で言えば、公教育の制度化に関わって、連邦政府の州政府に対する統制が強まるとの懸念があった。1787年に制定されたアメリカ合衆国憲法案の批准を巡っては、各州で激しい論争がくり広げられ、1788年には正式に合衆国憲法が発行されるも、連邦政府による州政府への統制を危ぶむ声は依然として強かった。また州の内部であっても、州政府による教育の統制に対する、タウンや親たち、教会関係者からの反発は強かった。したがっ

て、公教育の制度化への不信感がぬぐわれることはなく、結局、合衆国憲法には、教育に関する条項が盛り込まれることはなかった。以後現在に至るまで、アメリカでは教育に関する事項は、基本的に、連邦政府ではなく州の決定事項とされている。また、共和国理念による急進的改革を望む声が、合衆国憲法の制定以後、収束したことも制度化に至らなかった一因だとされる。

加えて、人々の子ども観、教育観においても、公教育制度はすぐには受け入れられるものではなかった。イギリスの貴族階級的な生活が攻撃されたとは言え、イギリス本国の生活スタイルを守り続けていた富裕層の人々にとって、わざわざ税金を支払ってまで新しい学校を創設し、自分たちの子どもを貧困層の子どもたちも学ぶような場所に送る必然性やメリットはなかった。ラッシュは子どもを持たない人などへの課税を擁護するため、学校設置のメリットを、わざわざ次のように述べている。

独身男子は、やがては前ほど厳重な戸締まりをしないで安眠できるようになってこのための税負担を免れ、孤児の財産は、やがては怠惰な非行少年たちの破壊から守られて利益を受け、そして金持ちの子どもたちは、不良仲間によって浪費を誘われることが少なくなるだろう。通常の経費と税金を要するさらし台、笞刑用の柱および監獄は、青少年が適切に教育されたときには、現在よりもっと少なくてすむだろう。大部分の郡において毎年犯罪人を監禁し審理し処刑するために要する経費は、各郡に必要な全ての学校を維持するに十分な金額を明らかに上廻ると考える。†3

ラッシュは税金による学校教育の普及が、社会の治安維持のためにも、また貧困層の子どもたちの改良、統制のためにも役立ち、監獄の維持費用など、これまで彼らのために投じてきた費用はむしろ少なくなる、とそのメリットを説明する。公教育構想は、貧困層への社会統制的な教育観によっても支えられていた。

だが一方で、人々の間にはそれまで教育を受けてこなかった人々にまで教育を施すことは、自分たちが享受していた社会的地位や職業的地位が脅かされることにつながるとの教育観もあった。教育による社会の流動化や平等化を人々が危惧したことも、公教育制度構想が受け入れられない理由であった。

その他にも、教会や家庭、宗派学校で宗教教授を中心に子どもの教育を行なってきた人々にとって、信仰の異なる子どもたちが同じ場所で学ぶことは、魅力を感じるどころか、危険さえ感じるものであった。また、これまで子どもや

徒弟、奉公人に教育を受けさせてこなかった親や主人たちにとって、将来労働者として生活していくのに必要な知識以上の教育は不要であり、労働力としての子どもという観点からすれば、無償であったとしても、学校に行かせることによる働き手の損失は重大であった。つまり、公教育の三つの原則とされる義務性、無償性、中立性のいずれの要素についても、当時の子ども観、教育観、また国家観や宗教観からは容易に人々の理解を得ることはできなかったのである。むしろ独立革命期後のアメリカでは、アカデミーなど中等教育機関を中心に整備が進むことになる。

3 すべての子どもたちのための学校を

独立革命後、学校を公費で設置することを定めた教育条項がいくつかの州憲法には盛り込まれたが、国民教育制度案で示されたような公教育がすぐに制度化されることはなかった。しかし、教育を通じた知識の普及が、人々の自由、平等、幸福の追求には不可欠であり、教育による人民の啓蒙が社会の安全や国の経済的発展にもつながるとする教育観が、人々にまったく影響を及ぼさなかった訳ではない。独立革命期の新聞や雑誌を賑わせたこれらの教育観は、1790年代におこった第二次大覚醒運動（Second Great Awakening）による信仰復興の影響もあり、都市部を中心として、貧困層の子どもたちを対象とした慈善的、博愛主義的な任意団体（voluntary association）による教育活動を登場させる。そして、その任意団体による活動は、1830年代から始まるコモン・スクール運動と連動しながら、アメリカの公教育を成立させていく。以下、この点を見ていくことにしよう。

アメリカにおいて、都市の貧困層が本格的に議論され始めるのは、紡績工場での工場労働が登場する1820年代以降のことである。工場での児童労働も本格的に問題化し、1830年代になると工場主に対する児童労働の法規制も進められる。しかし、独立革命期においても、フィラデルフィアやニューヨークなどの大都市では、先のラッシュの言葉にも見られたように、徒弟や奉公人、孤児といった貧困児の処遇はすでに課題であった。したがって、これらの都市では国民教育制度の構築と共に、無償貧困児教育の制度化も議論がなされている。

例えば、フィラデルフィアを抱えるペンシルヴェニア州では、すべての子どもを対象とした公費による学校設置を1776年の州憲法で定めるが、1790年の州憲法改正の際には、貧困児を対象とした無償教育に関する教育条項へとその内容が書き換えられ、以後無償貧困児教育の制度化を中心に、公教育の実現が図られていく。しかし、国民教育制度案への賛同が得られない中、州政府による制度化もすぐに実現するものではなかった。

このような状況にある中、都市部を中心に登場したのが、貧困児や孤児、女児や黒人の子どもたちへの無償教育提供を目的とした任意団体であった。これらの団体は、会員の会費や寄付金、遺贈などを財政基盤とし、それらの資金により教師を雇用し、無償で貧困児に読み書き教育を施すなどした。規模や会員数、団体継続年数はさまざまであったが、州政府から支援を受ける団体や、州政府への請願書の提出により法案の通過に大きな役割を果たす団体もあった。また、チャリティ・スクールのように宗派を母体とした団体がある中で、多様な宗派の会員により運営される団体もあり、すべての貧困児に門戸を開いている学校もあった。19世紀になると、無償貧困児教育を目的とした団体は数も規模も拡大し、州を超えたネットワークを形成していく。そして1820年代には、ランカスターのモニトリアル・システムがアメリカの貧困児教育でも取り入れられ、隆盛を見るのである。

同じく任意団体の形を取り、19世紀に全米的な教育運動となっていくのが日曜学校である。アメリカで最初の日曜学校団体は、国民教育制度案の提唱者ラッシュを中心に設立され、1791年にアメリカ初の日曜学校がフィラデルフィアに誕生する。この日曜学校では、キリスト教の安息日である日曜日に貧困児が集められ、無償で簡単な読み書き教育が施された。1819年に解散するこの団体は、特定宗派を母体としたものではなく、子どもたちには聖書を中心とした授業の前後に、各宗派の礼拝に参加するよう義務づけられていた。

一方、19世紀になって設立されていく日曜学校は、メソディストやバプティストといった福音主義宗派（evangelical）が母体となって設立し、そこでは貧困児への教育と共に、宗教的回心を目的とした宗教教授が行なわれるようになる。第二次大覚醒運動の雰囲気が残る中、各地に設立された日曜学校は、1824年にはアメリカ日曜学校連盟（American Sunday School Union）を結

成し、その加盟校は全国で700校を超えていた。また1832年の時点では全米の約8％の子どもが日曜学校に通ったとされ、フィラデルフィアではその割合が約28％に上っている[†4]。

また、1830年代に公教育制度が整備され始めると、日曜学校は、当初行なっていた貧困児に対する教育よりも、宗教的中立を原則とする公教育が取り扱わない宗教教育を主に行なう場になっていく。若いボランティアの教師たちが、宗教色の強いテキストを用いて子どもたちを教育し、回心にまで導くことが日曜学校の主要な目的となっていくのである。また、日曜学校は子どもだけでなく、大人や黒人の宗教教育機関としての役割も担っていく。

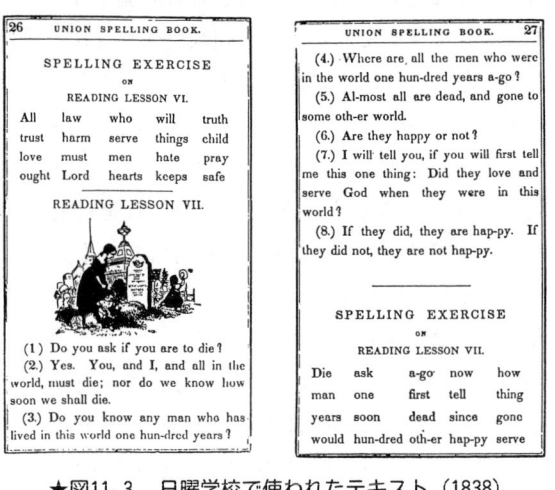

★図11-3　日曜学校で使われたテキスト（1838）

公教育における宗教の取り扱いについては、1791年に合衆国憲法に修正第一条として付け加えられた国家と教会の分離、信教の自由に関する条項によって、アメリカでは現在に至るまで公教育で特定の宗教教育を行なってはならないとされている。したがって、コモン・スクールが整備され始めるこの時代、平日のコモン・スクールが行なわない宗教教育を、各宗派が設置した日曜学校が補完していた。もちろん、宗教的中立性を唱えるコモン・スクールも、カトリックからすればプロテスタント的な臭いのするものであり、以後、アイルランドやイタリアなど、カトリック系移民が流入してくる時期になると、コモン・

スクールにおける宗教的中立性の問題はさらに複雑になっていく。

話が前後するが、すべての子どもを対象とした公教育がアメリカの各州で本格的に制度化されていくのは、1830年代以降のことである。「アメリカ公教育の父」と呼ばれ、コモン・スクール運動の中心人物となったのが、ホレース・マン（Horace Mann、1796－1859）である。マンは1837年にマサチューセッツ州教育委員会の初代教育長に就任し、公教育の普及と確立のために働いた。

彼が活躍したマサチューセッツ州は、1642年と1647年のピューリタンによる義務教育法以来、タウンによる公費での学校設置を義務づけてきた地域であった。独立後もほとんどの州が公費による学校設置を実現することができない中、1789年に教育法を制定し、タウンを学区（school district）に分割したうえで、学区による住民への課税や教師の雇用など、学区を単位とした学校設置を進めてきていた。しかし、学区の裁量による教育制度は、教師の質や教育内容、学校運営の形態に大きなばらつきをもたらしていた

★図11-4　ホレース・マン

（公教育制度成立期には、保育機能と教育機能を兼ねていた「おばさん学校（dame school）」の女性教師や、酔っぱらいの教師、暴力教師などが古い学校の教師イメージとして批判のやり玉にあげられた）。また、貧困層の子どもたちが必ずしもそれらの学校に通っている訳ではなく、1820年代以降の本格的な工業化は都市の貧困児問題に拍車をかけていた。

このような状況がある中、マサチューセッツ州の教育長に任命されたのがマンであった。マンは、植民地期の義務教育法や、独立革命期の国民教育制度案を高く評価しながら、すべての子どもを対象とした公教育制度の確立は、自由と平等の共和制を維持するためには不可欠であり、教育によって生み出される経済的価値は計り知れない、と人々にコモン・スクールの意義を訴えた。マンの教育長時代、マサチューセッツ州では、州、タウン、学区の役割と義務を明確化した教育行政制度が確立され、これにより、タウンや州の教育委員会の監視の下で、学校や教員の質の確保がなされるようになった。

マンの他にもマサチューセッツ州では、ジェイムズ・カーター（James Carter、1795-1849）が師範学校構想や州教育委員会設置に尽力し、アメリカ公教育制度の立役者とされている。その他にもコネティカット州やロードアイランド州では、ヘンリー・バーナード（Henry Barnard、1811-1900）が公教育の普及と確立にあたり、1830年代以降は、他州でもコモン・スクール運動が展開され、マサチューセッツ州の教育制度に範をとった地域も多かった。

また、独立革命期以後、無償貧困児教育の制度化を通して、公教育の普及を進めてきたペンシルヴェニア州でも、1834年には無償学校法が制定されている。南部諸州では公教育制度の整備は遅れるものの、19世紀半ば以降、すべての子どもが無償で教育を受けることのできる学校教育制度が各州に整備されてくるのである。

4 女子教育の進展と近代家族像の成立

18世紀後半から19世紀前半にかけて、子どもたちは国を背負う「共和国市民」として教育すべき対象と位置づけられ、公教育制度の成立により、すべての子どもの教育は実質的にも保障されつつあった。同じ時期、社会において子どもと同様、新たな位置づけがなされたのが女性たちであった。独立革命期のイギリス製品不買運動などで、アメリカ人女性としての自覚と社会参画を経験した彼女たちに次に与えられた仕事は、「共和国市民」を育成する「共和国の母（republican mother）」としての役割であった。そしてこの「共和国の母」という新たな女性像は女子教育の進展をもたらすと共に、子どもを囲む新たな家族像を生み出していく。

「共和国の母」という女性像に基づき、女子教育の推奨をいち早く訴えたのは、国民教育制度案の提唱者でもあるラッシュであった。ラッシュは、国民教育制度案の中で女子教育に触れ、「子どもの心に対する最初の印象は一般に女子から得られるものである。したがって彼女たちが自由と政治という大きな問題について正しい考えをもっているということが、共和国においていかに重大なことであるか」、と共和国市民となる子どもへの影響力の大きさから女子教育の重要性を強調する[†5]。また1787年には、「女子教育に関する考察

(Thoughts upon Female Education)」を発表し、その中でも、「子どもたちの教授という最も重要な役割は自然と女性たちに委ねられる。この最も重要な母親の義務を果たすために、彼女たちに適した教育を施して、そのための準備を始めなければならないであろう」として、女性を母親としてふさわしく教育する必要性を説いている[†6]。

　このような考え方に基づいて、フィラデルフィアには1787年にアメリカ初の女子中等教育機関となるヤング・レディース・アカデミーが設立され、これを皮切りに北部でも女子アカデミーが次々と設立される。しかし、そこで女性が学んだのは、それまでイギリスの貴族階級の女性たちがレディになるために学んでいたような、装飾的で華美な、役に立たないたしなみではなかった。子どもを立派な市民として育成するため、読み書きはもちろん、アメリカの地理や歴史、算術まで、実用的な科目がカリキュラムには取り入れられた。当時、女性の高等教育への道は閉ざされ、男性がグラマー・スクールで学ぶような古典教養を女性が学ぶことに対する抵抗は大きかった。しかし逆に、高等教育へとつながらない実用的、科学的な学問は、むしろ女子アカデミーで大いに学ばれたとされる。いずれにせよ、女性は子どもの立派な母親として教育されるべき存在として位置づけられ、その女性像が結果的には女子教育普及の大きな原動力となっていったのである。

　「共和国の母」として女性に求められたのは、子どもを有徳な市民に教育することであった。子どもの教育、特に男児の教育は、元来父親の手によってなされるべきものとされてきた。しかし18世紀後半になると、北部ピューリタン社会に広がっていたような、父親による厳格で抑圧的な子育てに代わる新たな子育て観が登場してくる。ロックやルソーの人間観や教育観、そして子どもの「内なる光 (inner light)」を重視するクェーカー教徒の子ども観などの影響もあり、子どもの傷つきやすさや可塑性、教育可能性を前提とした、親の「理性」や「愛」による子育てが重視されていく。

　また、独立革命期の平等主義が家族関係の平等化を推し進め、父親の権威を弱体化させる要因となったことは先にも述べたが、同じ時期、18世紀半ばの第一次大覚醒運動 (Great Awakening) などによる教会の世俗化は、教会の「女性化 (feminaization)」をもたらしていた。そこでは、女性を男性よりも

信仰心や道徳性の面で優れた存在としてみなす女性観が徐々に広がりつつあった。こういった子育て観や女性観の変化も、子育ての担い手としての女性という見方を支えるものとなっていった。

　教育する女性という点では、女性教師の存在も忘れてはならない。コモン・スクール運動期の北部諸州では、タウンや学区による女性教師の雇用が進み、19世紀後半には教職の「女性化」と言われる現象が起こる。それまでおばさん学校などで子どもの教育を担ってきた女性たちや、女子アカデミーで教育を受けた若い女性たちが、教師としてタウンに雇用されていったのである。男性よりも安い賃金の女性教師を雇用することで義務教育にかかる税金を抑えたい、というタウンや学区の目論見の下でおこなわれたことであったが、結果的に女性たちは母役割の延長として、教師という社会的職も手にすることになった。

　ここまで述べてきた子どもや女性に関わる価値観の変化、そして社会構造の変化などにより、アメリカでは独立革命期から1830年の間に「近代家族」という新しい理想的家族像が成立する。その特徴として、まず結婚が夫と妻の愛情と尊敬にもとづくものであること、二つ目に妻の役割と夫の役割が分離されていること、三つ目に、両親の配慮やエネルギー、資力などが子どもの養育に集中し、子どもは愛情と心遣いの必要な存在としてみなされること、そして四つ目に、家族の規模がそれ以前よりも小さいこと、があげられている[†7]。子どもを中心に据えた個人相互の愛情に基づく小規模の家族が、理想像としてできあがるのである。

　1820年代頃には、二つ目の特徴に関わる公的領域 (public sphere) と私的領域 (private sphere) の分離も、都市化や工業化に伴う職住分離により、実質的に可能となっていく。そして荒々しく競争的で、労働と経済的価値を中心とする公的領域と、家族に安らぎと癒しを提供し、情緒的価値と生殖や子育てを中心とする私的領域が、それぞれ男性と女性の領域として区分され、男女はそれぞれの領域で役割を果たすことが重要だとされていく。もちろん、このような家庭生活を実際に送ることができたのは、「ミドル・クラス (middle class)」と呼ばれる中産階級以上の人々であったが、彼らが理想とした近代家族像に基づく家庭性イデオロギーは、この時代の社会改革運動の原動力となっていった。

★図11-5　独立革命期の家族画（1778）

　1820年代から30年代のアメリカは、第七代大統領ジャクソンによって選挙制度の民主化などが進んだため、ジャクソニアン・デモクラシーと言われている時期である。この時期には18世紀末から徐々に登場しつつあった任意団体が規模も拡大し、刑務所や救貧院などの施設改革や、奴隷解放や売春婦救済などの弱者救済、禁酒運動や娯楽批判などの風紀改良に取り組んでいく。18世紀末の任意団体の主体は主に男性であったが、19世紀に入ると、次第に女子教育の普及により恩恵を受けたミドル・クラスの女性たちが、家庭性イデオロギーを掲げて、これらの社会改革運動に乗り出していく。男性の悪徳によって汚された社会から、子どもや家庭を守り、社会を道徳的に改良していく、そういった主張を前面に出しながら女性たちは運動を展開していったのである。

　都市部を中心に工業化が本格的に始まるこの時代、女性を中心になされた社会改革運動は、移民の工場労働者や貧困者の増大により社会不安を募らせた、ミドル・クラスの人々の一種の防御反応でもあった。すべての子どもたちの教育を保障するコモン・スクール運動も、ミドル・クラスの人々の労働者層や貧困者層の子どもたちに対するこのような眼差しによって支えられていたことは理解しておかなければならない。アメリカにおける公教育制度の成立は、こう

4部 変容する子どもへの眼差しと学びの場―アメリカを中心に―

いった19世紀半ばの時代背景の下になされた。そして、子どもたちはいまや学校と家庭の中心に、教育されるべき、保護されるべき存在として位置づけられたのである。

【引用文献】
† 1 トマス・ジェファーソン 真野宮雄訳 1973 知識の一般的普及に関する法案（1779） アメリカ独立期教育論（世界教育学名著選17） 明治図書 9-10頁
† 2 ベンジャミン・ラッシュ 津布楽喜代治訳 1973 ペンシルヴェニア州における公立学校の設置と知識普及に関する計画（1786） アメリカ独立期教育論（世界教育学名著選17） 明治図書 45-46頁
† 3 同上書、48頁
† 4 Boylan, Anne M. 1988 *Sunday School: The Formation of an American Institution, 1790-1880* Yale University Press. p.11 (Table1)
† 5 ベンジャミン・ラッシュ 前掲書† 2 61-62頁
† 6 Rush, Benjamin 1787 "Thoughts upon Female Education," in Rundolf, Frederick (ed.) 1965 *Essays on Education in the Early Republic*. The Belknap Press. p.27.
† 7 カール N. デグラー 立原宏要訳 1986 近代的な家族はいつ現れたか アメリカのおんなたち―愛と性と家族の歴史― 教育社

【参考文献】
梅根 悟監修 1975 世界教育史大系17 アメリカ教育史Ⅰ 講談社
北野秋男 2003 アメリカ公教育思想形成の史的研究―ボストンにおける公教育普及と教育統治― 風間書房
南新秀一 1999 アメリカ公教育の成立―19世紀マサチューセッツにおける思想と制度－ ミネルヴァ書房
Boylan, Anne M. 1988 *Sunday School: The Formation of an American Institution, 1790-1880* Yale University Press.
Fliegelman, Jay 1982 *Prodigals and Pilgrims: The American Revolution against Patriarchal Authority 1750-1800* Cambridge University Press.
Kaestle, Carl F. 1983 *Pillars of the Republic: Common Schools and American Society, 1780-1860* Hill and Wang.
Mintz, Steven 2004 *Huck's Raft: A History of American Childhood* The Belknap Press of Harvard University Press.

【図表・出典】
★図11-1 Mintz, Steven 2004 *Huck's Raft: A History of American Childhood* The Belknap Press of Harvard University Press p.57
★図11-2、11-4 真野・津布楽・久保訳 1973 世界教育学名著選17 明治図書
★図11-3 Boylan, Anne M. 1988 *Sunday School: The Formation of an American Institution, 1790-1880* Yale University Press p.25
★図11-5 Shammas, Carole 2002 *A History of Household Government in America* University of Virginia Press p.58.

■索引■　　（50音順）

ア行

あ
- アカデメイア　9
- アスレティシズム　132
- アテネ　1、3、6、9
- アビトゥーア　136
- 「アボッツホルム校」　97
- アポリア　8
- アメリカ哲学協会　175
- アメリカ日曜学校連盟　184
- アンスティテュ（学院）　65

い
- イヴェルドン学園　74
- イェール大学　162
- イエズス会　44
- イエナ大学附属学校　100
- イエナ・プラン　100
- 医学校　150
- 『育児日記』　70
- 『一般教育学』　75、76
- 「一般ドイツ幼稚園」　83
- イデア　9
- イリアス　4
- イングランド国教会　127
- 『隠者の夕暮れ』　71

う
- ヴィッセンシャフト理念　151
- 内校　20
- ウニフェルシタス　26

え
- エイロネイア　8
- 『エミール』　53、54、157
- エリート教育　134
- エロス　8、9
- 演繹法　47

お
- オウエンズ・カレッジ　150
- 王権神授説　47
- 「オーデンヴァルト校」　98
- オックスフォード大学　144
- オデュッセイア　4
- 「おばさん学校」　185
- 親方　163

カ行

- 恩物　81

か
- ガートン・カレッジ　152
- 階級社会　105
- 回心　162
- 改正教育令　121
- カイルハウ学園　79
- ガヴァネス　136
- 科学アカデミー　47
- 科学革命　142
- 下級技術学校　138
- 核家族　108
- 学事規定　44
- 『学習方法論』　39
- 『学問論』　40
- 学寮　26
- 学寮制大学　141
- 学校調査委員会　135
- 学校令　43
- 家庭教師学校　99
- 家庭性イデオロギー　189
- 『カテキズム（教義問答書）』　42、48、165
- 家内制手工業　110
- カノッサの屈辱　25
- 家父長的温情主義　116
- カロリング朝　19
- 感覚教育　93
- 『カンツォニエーレ』　37
- 管理・教授・訓練　77
- 官僚制改革　145

き
- 基金立学校　126
- 基金立学校法　135
- 『起源論』　14
- 擬似親子　170
- 騎士戦争　42
- 騎士の7芸　24
- 帰納法　47
- ギムナジウム　41
- ギムナシオン　5
- 宮廷学校　38
- 教育的教授　78
- 『教育に関する考察』　176

191

『饗宴』 9
教区学校　21、128
教区徒弟　111
「教区徒弟の健康と道徳に関する法律」116
教職の「女性化」188
『教授および学習法』38
教養教育（論争）133、146
「共和国市民」178
「共和国の母」186
「キリスト教学校兄弟会」44
『キリスト教貴族に与える書』42
近代家族　188
欽定訳聖書　127
く
クィーンズ・カレッジ　152
グラマー・スクール　126
グランド・ツアー　143
『クリスティアノポリス（キリスト教徒の都）』47
クリスチャン・ジェントルマン　130
クレルモン学寮　44
け
『ゲルトルート児童教育法』73
研究学位　151
「研究と教育の統一」151
原罪観　161
ケンブリッジ大学　144
こ
「公教育に関する5つの覚え書き」61
工場学校　116
工場法　116
高等文官試験　146
国勢調査　108
『告白』17、54
国民教育制度案　174
国民協会　120
国民団　26
国立学術院　65
『国家』9
国教会信仰39か条　143
国庫助成　121
子ども中心主義　86
子どもの家　91
「子どもの発見」54
コモン・スクール運動　185
コレージュ・ド・フランス　41

コンドルセ案　64

サ行

さ
「差し込み円柱」92
産業革命　110、142
三類型中等学校　139
し
ジェントルマン理念　141
司教座聖堂学校　20
「自然的教授法」51
「自然の教育」56
実学主義　47
『児童教育論』39
『児童の世紀』87
児童労働　109
「事物の教育」56
『市民政府論』176
写本　20
就学強制　122
宗教審査　144
修辞学校　7、9、14
十字軍　24、25、36
重商主義　107
修道院学校　20、22
十二表法（十二銅板法）13
シュタンツ孤児院　72
『シュタンツだより』72
消極教育　58
逍遙学派　10
「助教法」120
助教法学校　120
贖宥状（免罪符）41
女子教育　187
『諸知の父』27
初等教育法　122
『神学大全』23
新教育運動　86
『神曲』36
「信仰のみ」41
神統記　4
人文主義　36
人文主義教育　126
す
スウォッドリング　157

スコーレ　11
スコラ学　40
ストア学派　16
ストゥディウム・ゲネラーレ　26
スパルタ　1、6
「すべてのものに中等教育を」　125
隅の学校　32

せ
性格形成学校　116
生活協同組合運動　153
『政治学』　11
聖書教育　162
聖書主義　41
『世界図絵』　50
説教　162
『説教』　42
全制的教育機関　131
全体教授（合科教授）　98
セント・ポールズ校　40
セントラル・スクール　138

そ
総合的教授　78
外校　20
ソフィスト　6、7

タ行

た
大学拡張運動　153
大学セツルメント運動　153
大学の発生　26
『大教授学』　50
大航海時代　36
『太陽の都』　40
単なる描写的教授　78

ち
「小さな大人」　159
「小さな学校」　44
『痴愚　神礼賛』　39
地方試験　136
地方巡回講義　153
チャリティー・スクール　175
「中等教育規則」　138
中等教育修了資格　136
チュートリアル・クラス　153
長老派　128

直観教授　73
ちんけな学校　32

つ
通過儀礼　160

て
ディダスカレイオン　4
テーベ　3
『デカメロン』　37
出来高払い制　121
『哲学大全』　23
哲人王　9、10
デロス同盟　3、6
田園教育舎　97

と
ドイツ語学校　29、30
ドイツ30年戦争　48
「ドイツ田園教育舎」　98
ドイツの新教育運動　95
トインビー・ホール　153
東京女子師範学校附属幼稚園　82
『童子訓』　14
ドクサ　8
都市学校　42
都市ラテン語学校　28、30
徒弟　163
徒弟制度　110、163
『ドナトゥス文法書』　30

ナ行

な
内外学校協会　120
7自由科　20

に
『ニコマコス倫理学』　11
日曜学校　119、183
ニュナム・カレッジ　152
『人間精神進歩史』　66
「人間の教育」　56
『人間の教育』　80

の
ノイホーフ　70
農民戦争　42
ノース・ロンドン・コリージェント・スクール
　137

193

ハ行――――――――――――――

は

ハーバード大学　162
ハーフタイム制　117
ハイアー・グレイド・スクール　137
ハイ・スクール　137
パイダゴーゴス　4、16
ハウス・マスター　131
バカロレア　136
『白鳥の歌』　74
『母の歌と愛撫の歌』　84
パブリック・スクール　128
パライストラ　4
パリ大学　27
ハロー校　40
ハンザ同盟　25
汎知学　48、49
万人司祭主義　41

ひ

非国教徒　128
非国教徒アカデミー　130
ビブリオテーケー　12
『百科全書』　49
ピューリタン　43
『開かれた言語の扉』　49
貧民学校　29

ふ

ファギンク制　130
フェローシップ　142
福音主義　106
「複合型」の教育システム　105
複線型学校体系　137
複線型中等教育システム　125
フランス革命　61
プリーフェクト制（監督生制）　131
プリマー
プレパラトリー。スクール　131
分岐型中等学校　125
分析的教授　78
文法学校　14、17
フンボルト理念　151

へ

ベドフォード・カレッジ　152
ペルシャ戦争　3、6

ペロポネソス戦争　3、7、9
ペロポネソス同盟　3

ほ

保育　119
保育学校　118
法学院　150
ポリス　1
ボローニャ大学　26

マ行――――――――――――――

ま

マギステル　28
マケドニア　10、11

む

無償化　122
ムセイオン　12
「無知の知」　8

め

メカニック・インスティテュート運動　153
メトーデ　73
『メトーデ』　73

も

モントリアル・システム　183
モンテッソーリ教具　93
『モンテッソーリ・メソッド』　92
問答学校　20

ヤ行――――――――――――――

や

野外保育学校　118
ヤング・レディース・アカデミー　187

ゆ

優等学位試験　144
『ユートピア』　40
『雄弁家教育論』　16、37
『雄弁家論』　15
ユグノー　43

よ

幼児学校　118
「喜びの家」　38
四段階教授法　79

ラ行――――――――――――――

ら

ラグビー校　40

り
『リーンハルトとゲルトルート』 71
リセ 65
る
ルードゥス 13、17
れ
礼拝堂学校 21
ろ
労作学校（作業学校） 96
労働者教育協会 153
ローマ法 25
「ロッシュの学校」 97
ロンドン大学 149

■**人名索引**■ （50音順）

ア行

アウグスティヌス 17
アウグストゥス 13
アベラール 27
アリエス 33、156
アリストテレス 10
アルキメデス 12
アルクイン 21
アルシュテット 49
アレキサンドロス 11、12
アンドレエー 47
イーゼリン 71
イグナティウス＝ロヨラ 44
イソクラテス 7
イルネリウス 26
ヴィヴェス 40
ヴィットリーノ 38
ウィルダー・スピン 118
ウェブスター 180
ヴェルギリウス 30、38
エウクレイデス 12
エラスムス 38
オクタビアヌス 13
オットー 98

カ行

カーター 186
カール5世 41

カール大帝 19、20、21
ガウディヒ 97
ガトー 14
カルヴァン 41、43
カンパネラ 40
ギーベルト 22
キケロ 14
グアリーノ 37
クインティリアヌス 16、17
グラティアヌス 26
クリュソロス 37
グレオリウス9世 27
ケイ 87
ケメンシュタイナー 96
コブルストン 147
コメニウス 49
コラム 180
コレット 40、126
ゴルギアス 7
コンドルセ 60

サ行

ジェファソン 178
シジウイック 152
シュタッパー 72
シュツルム 41
シラン 44
セガン 90
セネカ 15
ソクラテス 7、9
ソロン 3

タ行

タキトゥス 17
ダンテ 36
デイヴィス 152
デカルト 47
テュルゴー 58
テンニース 101
トーニー 138
トーマス・アクィナス 23
トマス・アーノルド 130
ドモラン 97

ナ行────────────

ニュートン　47
ニューマン　148

ハ行────────────

バーナード　186
バス　136
ビール　137
フィリッポス2世　10
フィリップ2世　27
フィリップ4世　27、36
ブラッター　31
プラトン　9、10
フランクリン　167
フリードリッヒⅠ世　26
ブリューゲル　33
フレーベル　9
プロタゴラス　7
プロティウス＝ガルス　14
ベーコン　47
ペーターゼン　100
ヘシオドス　4
ペスタロッチ　70、75
ペトラルカ　36
ベネディクトゥス　20
ペリクレス　6
ベル　120
ヘルバルト　75
ボッカチオ　37
ホメロス　4

マ行────────────

マン　185
メランヒトン　43
モア　40
モンテッソーリ　90

ラ行────────────

ラ・サール　44
ラッシュ
ラトケ　48
ランカスター　120
リーツ　97
リナカー　126

リュクルゴス　2
リリ　126
ルイ12世　28
ルイ14世　45
ルソー　53、156
ルター　41
レイクス　119
レディ　97
ロック　17
ロバート・オウエン　116
ロム　66

【執筆者と担当箇所】
勝山吉章　（かつやま　よしあき）　　　　　　　　　：編者、1部
　・1959年　奈良県生まれ
　・名古屋大学大学院教育学研究科博士課程満期退学
　・1987年〜88年　東ドイツ・フンボルト大学教育学部留学
　・名古屋大学助手、福岡大学講師、助教授を経て現在、福岡大学人文学部教授
主著等
　『教育近代化の諸相』（共著）名古屋大学出版会　1991年
　『歴史のなかの教師・子ども』（共著）福村出版　2000年
　『現代教育の論究』（共著）青簡社　2012年
　『フレーベル賛歌』（共訳書）フレーベル館　1991年
　『教育と人権』（共訳書）東信堂　2007年

江頭智宏　（えがしら　ともひろ）　　　　　　　　　：2部
　・1975年　生まれ
　・九州大学大学院人間環境学府　発達・社会システム専攻修了
　・学位：博士（教育学）／留学歴：ドイツ・ミュンヘン大学（2001年〜2002年）
　・現在　名古屋大学大学院教育発達科学研究科准教授
主要論文
　「1930年代における学校共同体ヴィッカースドルフ」『飛梅論集』第3号　2003年
　「1930年代ドイツにおけるシュールラントハイム」『日本の教育史学』第46集　2003年
　「ナチ時代におけるドイツ田園教育舎の位置付けをめぐる論議―H．リーツ『回想記』の再版に関するA．アンドレーゼンの主張を中心に―」『九州大学大学院教育学研究紀要』第8号　2006年

中村勝美　（なかむら　かつみ）　　　　　　　　　　：3部、コラム4、5、6
　・1971年　生まれ
　・広島大学大学院教育学研究科教育学専攻　博士後期課程単位取得満期退学
　・現在　広島女学院大学人間生活学部幼児教育心理学科
主著・論文
　『ネイションとナショナリズムの教育社会史』（叢書・比較教育社会史第2巻）（共著）昭和堂　2004年
　「20世紀初頭イギリスにおける歴史教育―イギリス歴史協会を中心として―」『日本の教育史学』（教育史学会紀要）　第44集、2001年
　「イギリスにおける保育制度の過去と現在―歴史的多様性をふまえた統合的保育

サービスの構築─」『西九州大学・佐賀短期大学紀要』第37号、2007年

乙須　翼（おとす　つばさ）　　　　　　　　　　　　　　：4部
・1979年　生まれ
・九州大学大学院人間環境学府　発達・社会システム専攻　教育学コース　博士後期課程単位取得満期退学
・現在　長崎国際大学人間社会学部国際観光学科
主要論文
「『アメリカン・ミュージアム（1787-1792）』誌における無償教育論─教育が「貧民」にもたらすもの─」九州大学大学院教育学コース院生論文集『飛梅論集』第6号　2006年
「18世紀後半ペンシルヴェニアの施設化改革と家族─Ｂ．ラッシュの規律論における理想的親像に着目して─」九州西洋史学会『西洋史学論集』第44号　2006年
「18世紀末フィラデルフィアの娯楽批判─社会改革を支える諸価値の創出─」『長崎国際大学論叢』第10巻　2010年

久保理生　　■山口県下関市立豊田中小学校　　　　：コラム１
野川智毅　　■広島県北広島町立八重小学校　　　　：コラム２
淵上由賀里　■福岡県春日市立春日小学校　　　　　：コラム３

【現場と結ぶ教職シリーズ】3
西洋の教育の歴史を知る
　　　子どもと教師と学校をみつめて

2011年４月10日　初版　第１刷　発行
2019年４月10日　初版　第４刷　発行　　　　　　　　　定価はカバーに表示しています。

編著者　　　勝山吉章
発行所　　　（株）あいり出版
　　　　　　〒 600-8436　京都市下京区室町通松原下る
　　　　　　　　　　　　元両替町 259-1　ベラジオ五条烏丸 305
　　　　　　電話／FAX　075-344-4505　　http://airpub.jp/
発行者　　　石黒憲一
印刷／製本　モリモト印刷（株）

Ⓒ 2011　ISBN978-4-901903-47-9　　C3037　Printed in Japan